COLLECTION
FOLIO CLASSIQUE

Molière

# L'Avare

*Édition présentée, établie et annotée
par Georges Couton*

Gallimard

*Édition dérivée de la Bibliothèque de la Pléiade.*

*Nous remercions Carine Barbafieri d'avoir mis à jour cette édition.*

*© Éditions Gallimard, 1971 et 1973 ;
1999 et 2013, pour la présente édition.*

# PRÉFACE

## Une pièce médiocrement accueillie par les contemporains

L'Avare *a été joué pour la première fois le 9 septembre 1668 au Palais-Royal. Succès médiocre attesté par une recette de 1 069 livres (première de* L'École des femmes, *1 518 livres ; de* Dom Juan, *1 830 livres ; du* Tartuffe, *2 860 livres ; du* Misanthrope, *1 447 livres ; d'*Amphitryon, *1 668 livres).*

*Tout de suite* L'Avare *est donné en alternance avec des pièces anciennes :* Amphitryon, Le Médecin malgré lui. *Après la neuvième représentation, il ne reparaît plus jusqu'au 14 décembre ; il est alors accompagné d'une farce,* Le Fin Lourdaud, *jusqu'à la fin de l'année. Une nouvelle série de représentations du 15 au 22 janvier produit des recettes médiocres.*

*Vient ensuite* Le Tartuffe *enfin joué librement (5 février 1669) avec un succès énorme.* L'Avare *ne reparaîtra qu'à la fin de mai avec des recettes très faibles : une représentation en mai, une en juin, trois en juillet, deux en août 1669 ; six pendant l'année 1670 ; six encore en 1671 ; huit en 1672.*

*Que le public ait boudé* L'Avare *est donc bien certain ; il faut, bon gré mal gré, que les moliéristes en prennent leur parti. On a donné comme explication que l'emploi de la prose pour une grande comédie en cinq actes a choqué, comme contraire aux usages. L'explication a tout de suite transparu dans le compte rendu, quant au reste fort élogieux, du journaliste Robinet :*

> Il parle en prose, et non en vers,
> Mais, nonobstant les goûts divers,
> Cette prose est si théâtrale
> Qu'en douceur les vers elle égale.

*Il ne faut pas se hâter de la rejeter. Elle ne suffit pas ? Peut-être. Nous songerions volontiers à en ajouter une autre : Molière se faisait à lui-même une dure concurrence. Il venait de donner en fort peu de temps :* Amphitryon, *janvier 1668 ;* George Dandin, *juillet 1668 ;* Le Misanthrope *n'était pas si ancien, juin 1666.*

*Une réaction du public contre un auteur qui a tant de succès peut tenir du caprice, et en quelque sorte du dépit amoureux, beaucoup plus que de la raison.*

*D'autre part, lorsque* Le Tartuffe *parut, comment n'aurait-il pas chassé* L'Avare *? Entendons-nous : il ne s'agit pas de classer ces deux pièces suivant un ordre de mérite, mais de constater qu'entre une comédie qui ne soulève pas les passions,* L'Avare, *et* Le Tartuffe *si combattu, qui bénéficiait d'une telle attente et d'une réputation maléfique, le public ne pouvait pas hésiter. Molière ne pouvait pas hésiter non plus devant l'occasion de jouer enfin l'œuvre si longtemps retenue. Et une fois* Le Tartuffe *apparu, il était trop tard pour remonter le courant de défaveur qui s'était établi contre* L'Avare.

*La pièce fut publiée en 1669.*


Les sources

*Quant aux sources de* L'Avare, *l'une est essentielle et indiscutable,* L'Aululaire *de Plaute. L'abbé de Marolles a imprimé assez peu de temps auparavant (1658) la première traduction française de Plaute, avec le texte latin en regard. L'Aululaire y figure sous le titre* L'Avaricieux, *mais avec le supplément par lequel un humaniste, Urceus Codrus, a complété la pièce antique qui, comme on sait, nous est parvenue mutilée. Molière nous paraît avoir utilisé cette édition-là, qui lui fournissait le nom de son héros, Harpagon. À Plaute, Molière a demandé l'essentiel de la personnalité de son avare : Harpagon est un nom d'injure à l'intention des maîtres rapaces ; cela n'a pas été noté à notre connaissance, ce qui surprend. Il lui a demandé beaucoup de la personnalité de l'avare Euclio ; l'idée d'un magot caché puis volé ; l'idée du* sans dot, *très fruste encore chez Plaute ; le monologue de l'avare volé ; le quiproquo entre l'avare qui croit qu'on lui parle du vol de sa marmite d'or et l'amant qui parle du rapt de la fille.*

*On a cité aussi* La Belle Plaideuse *de Boisrobert (1655). Molière l'a certainement lue : la rencontre entre le père usurier et le fils emprunteur est dans* La Belle Plaideuse *et aussi l'idée, à propos d'un autre usurier et non du père, de fournir en marchandises invendables une partie de la somme prêtée. D'autres dettes de Molière ? Un acte de* La Belle Plaideuse *se passe à la foire où Harpagon fera conduire sa maîtresse ; les chevaux d'Harpagon sont à bout de souffle, ceux que vend l'avare dans* La Belle Plaideuse *sont des rosses. C'est à peu près tout et cela ne tire guère à conséquence.*

*A été citée encore une comédie que son auteur, Chappuzeau, a intitulée d'abord* L'Avare dupé ou L'Homme de paille *(1663), puis* La Dame d'intrigue. *On y trouve certes un ballot précieux, qui est dérobé à l'avare et lui est ensuite rendu à condition qu'il donne sa fille au soupirant. On y voit aussi une « dame d'intrigue », Ruffine, qui réussit à se faire aimer de l'avare, à pénétrer chez lui et qui collabore au vol du magot. Mais l'avare Crispin est bien différent d'Harpagon : il commande pour faire souper sa maîtresse un dindon et deux poulets et la servante observe :*

Dès qu'on est amoureux, on cesse d'être avare :
Il n'est entré poulet ici depuis dix ans.

*Que Molière se soit souvenu de* La Dame d'intrigue *me paraît mal établi ; plus mal établi encore qu'il ait eu besoin de lire* Le Docteur amoureux *de Le Vert pour imaginer un amant qui se déguise en domestique afin d'approcher sa maîtresse.*

*On a pensé aussi que Molière avait pu s'inspirer pour divers lazzis de la* commedia dell'arte. *Un comédien italien du* XVIIIe *siècle, Riccoboni, en a établi un relevé : par exemple, une somme prêtée par le Docteur usurier à*

*Pantalon est comptée partie en argent, partie en vieilles hardes ou choses extravagantes, la barbe d'Aristote ou la ceinture de Vulcain. Ou encore Scapin donne à Flaminia le diamant que porte au doigt Pantalon, en l'assurant que le vieux Pantalon lui en fait cadeau, et Pantalon n'ose pas dire le contraire. Ou encore le Docteur et Pantalon sont rivaux ; ils en viennent aux mains, Scapin s'interpose, les interroge séparément, fait croire à chacun que l'autre lui cède sa maîtresse. Mais si Molière a imité les Italiens à bien des occasions, il n'est pas exclu que les Italiens aient aussi fait leur profit de lazzis qu'ils avaient trouvés chez Molière. Pour* L'Avare, *en l'état actuel de nos connaissances, on ne sait pas dans quel sens s'est exercée l'imitation, si imitation il y a eu.*

*Disons que* L'Avare *a été construit à partir de* L'Aululaire *avec toute une expérience théâtrale. Avec une expérience humaine aussi : la déconfiture de* L'Illustre-Théâtre *a valu à Molière la prison pour dettes, et des procès interminables : en 1666 encore, il était condamné à régler une dette contractée en 1646. On peut bien penser que pendant qu'il se débattait avec le marchand de bois, le chandelier, le charpentier, le propriétaire du jeu de paume et même avec son propre portier — et il devait avoir bien d'autres créanciers que nous ne connaissons pas —, Molière avait désespérément cherché de l'argent frais pour éteindre les plus criardes de ses dettes. Il devait y avoir gagné une expérience directe des usuriers ; l'idée de verser une partie de la somme prêtée en nature sous forme d'un luth garni de ses cordes ou peu s'en faut et d'un crocodile empaillé vient de* La Belle Plaideuse, *croit-on. C'est bien possible ; mais qui sait si à Molière n'ont pas été quelque jour présentés de pareils contrats léonins ? Qui dira aussi quels avares il a pu côtoyer au cours de son existence ? Nul doute que nous échappent, pour toujours, bien des éléments qui venant de la vie ont été transposés dans* L'Avare *et lui donnent sa profondeur humaine.*

Le personnage d'Harpagon

*Au centre de la pièce, en effet, Harpagon est l'une des plus puissantes et des plus pénétrantes créations de Molière. Tous les détails comptent pour donner un portrait d'un étonnant relief. Un homme d'âge, cinquante ans au moins, cela met, au XVII$^e$ siècle, dans la catégorie des barbons. Son costume le vieillit encore, et annonce le caractère : habit noir pauvre, « prisé vingt livres ». Les détails vesti-*

*mentaires mêmes ont leur signification. Au XVIIe siècle, on attache normalement les hauts-de-chausses avec des lacets terminés par des ferrets, les aiguillettes, mais l'usage s'était établi de remplacer les lacets par des rubans, ou de les dissimuler par des flots de rubans : Harpagon est resté fidèle aux ferrets, c'est plus économique. Au lieu d'un rabat de lingerie brodée ou de dentelles, comme son fils, comme tout le monde, il porte une manière de collerette, la fraise, qui le fait ressembler aux contemporains du roi Henri IV. Ajoutons des lunettes, et c'est pour les gens du XVIIe siècle, le comble de la décrépitude.*

*La maladie le vieillit encore : une « fluxion » provoque une quinte de toux ; c'est « la grosse toux » avec « mille tintouins » dont l'oreille cornait à Molière, selon* Élomire hypocondre[1]. *De sa maladie, Molière, qui n'avait plus que quatre ans à vivre, a fait un trait de son personnage.*

*Rongé par une maladie du corps, qui pourrait bien être la tuberculose qu'on diagnostique et qu'on soigne alors très mal, Harpagon l'est aussi par une maladie de l'âme qui a pris la double forme de la lésine, c'est-à-dire d'une*

1. Élomire est l'anagramme de Molière. On ne connaît pas l'auteur de ce violent pamphlet contre Molière qui date de 1670.

*économie sordide et ingénieuse, et de l'avidité, de l'âpreté à s'enrichir par l'usure. Harpagon est à la fois ladre et usurier. Ladre, il rogne sur les dépenses normales de la maison, sur la chandelle, la nourriture des domestiques, leurs livrées, l'avoine des chevaux, sur l'entretien de son fils obligé d'emprunter à un taux usuraire. L'amour ne l'humanise pas : il reste ladre dans la rétribution de l'entremetteuse comme dans les cadeaux indispensables à sa fiancée.*

*Usurier, il a des rabatteurs, qui dirigent sur lui les emprunteurs, et qui l'informent de leurs capacités de paiement. Harpagon pourra ainsi les pressurer avec une rigueur méthodique. On peut croire un instant qu'il se contentera de 5,5 % d'intérêt, ce qui serait plus que raisonnable. Point du tout : il est, dit-il, obligé d'emprunter lui-même cet argent, d'où intérêt supplémentaire qui déjà fait monter le taux à 25 %. Troisième temps de l'opération, une partie de la somme sera fournie en nature, en marchandises sans valeur. Sans doute, les rachètera-t-il sous main, à vil prix. Le débiteur aura emprunté à 40 % environ : c'est un écorchement.*

*La déformation professionnelle de l'usurier est profonde. Il lui suffit de voir son fils décemment vêtu pour évaluer ses rubans et dire quel intérêt, à tel taux, on tirerait de cette somme.*

*Calcul automatique et instantané ; difficile pourtant à une époque où le système monétaire était complexe. L'usurier s'est transformé en une machine à calculer.*

*L'attention portée aux calculs d'intérêts, le démontage de l'implacable engrenage de l'usure, les énumérations et appréciations de vieilleries, tapisserie démodée, mousquets hors d'usage, crocodile empaillé, tout cela compose l'atmosphère renfermée, poussiéreuse, sordide, que saura bien reconstituer aussi un autre connaisseur en matière de brocante et d'argent, Balzac : même climat de réalisme, nourri par des expériences humaines semblables dans une société qui, du XVII$^e$ au XIX$^e$ siècle, n'avait guère changé de structures sociales et économiques.*

*Atmosphère poussiéreuse, atmosphère corrosive aussi. L'avarice oppose occasionnellement le père usurier au fils emprunteur ; surtout, elle a détruit définitivement les sentiments les plus normaux. Elle a détruit l'amour filial ; Cléante, pour fournir aux prêteurs une garantie, fait valoir la caducité de son père : « Il s'obligera, [il s'engagera] si vous voulez, que son père mourra avant qu'il soit huit mois. » Elle a détruit l'amour paternel : « Vous mettrez en terre et vos enfants, et les enfants de vos enfants, dit Frosine. — Tant mieux »,* répond l'Avare. Elle a détruit l'amour : Mariane épousera le moins appétissant des barbons pour se tirer de la misère et en tirer sa mère. À cet acte, dont on ne sait s'il est vilenie ou héroïsme, l'entremetteuse l'encourage, en même temps qu'elle la console : « *Vous ne l'épousez qu'aux conditions de vous laisser veuve bientôt ; et ce doit être là un des articles du contrat. Il serait bien impertinent de ne pas mourir dans trois mois.* » Comme on a prisé des hardes et calculé des intérêts, on évalue des durées de survie : on accorde à Harpagon huit mois, ou trois mois ; lui-même s'accorde l'éternité. La pièce est ainsi jalonnée de mots féroces. Cela pue à la fois l'argent et le cadavre.

Arrive le dénouement, hâtif, par le vieux procédé de la croix de ma mère. Il amène reconnaissances et mariages. S'agissant d'Harpagon, il ne saurait rien changer. Jusqu'au bout, il calcule, exigeant qu'on lui fasse pour la noce un habit neuf. Après quoi, il s'en va, lui aussi, à ses amours. Il retrouvera sa chère cassette : à chacun son bonheur, authentique ou dérisoire. On notera que la pièce se termine véritablement par ces retrouvailles d'un homme et d'une cassette, et que le dernier mot est cassette. On se tromperait gravement en pensant que cette cassette n'est qu'un accessoire. Cette petite cassette *grise, qui contient une somme difficile à évaluer, quelque un million cinq cent mille francs peut-être, est le personnage central. Enterrée dans le jardin, dérobée, restituée, tout a tourné autour d'elle ; on peut songer à la chanson « il court, il court, le furet du bois, Mesdames » ; on peut songer à la poursuite du* Chapeau de paille d'Italie *dans Labiche (1851) : cela ne rend compte que de la fonction de la cassette dans l'intrigue. Il faut se dire que surtout elle symbolise toute la déchéance d'une âme ; elle est l'âme, elle est le cœur d'Harpagon ; elle est son vice, et sa malédiction.*

Harpagon suscite-t-il la pitié ?

*La vieillesse est un naufrage, a-t-on dit. Qui voudrait aller au fond des choses pourrait se demander si Harpagon n'essaie pas de se raccrocher à l'argent, si l'avarice n'est pas l'affreuse compensation que s'est donnée un homme à qui la vie échappe ; on pourrait trouver dans son avarice quelque chose de pitoyable et de pathétique en même temps. Molière n'est pas allé jusque-là : à son avare, il n'accorde ni pitié ni circonstances atténuantes. Il a brimé des êtres jeunes, ce que Molière ne pardonne pas.*

## Préface

*Qui plus est, on peut bien craindre qu'à travers le personnage d'Harpagon ne s'exprime une vue impitoyable de l'homme. Molière a fait la même découverte que La Rochefoucauld : l'homme est mené par l'amour-propre, « c'est-à-dire l'amour de soi et de toutes choses pour soi ». À cette vue pessimiste, Molière va-t-il s'arrêter ? On pourrait le craindre.*

*Découvrir que chez certains êtres une machine à calculer et un coffre-fort peuvent remplacer une cervelle et un cœur et procurer un étrange bonheur, cela mène loin dans la connaissance des êtres, mais n'a pas de quoi réjouir et ne ferait pas une comédie. Heureusement,* L'Avare *comporte d'autres éléments : des lazzis, ainsi Harpagon se prenant lui-même par le bras pour s'arrêter, des mots à la fois comiques et pénétrants, ainsi le « sans dot », apportent le rire. Surtout les délicatesses de l'amour fraternel, les tendresses de l'amour donnent de l'humanité à une pièce qui pourrait être tout entière grinçante. Il y a, chez Molière, une irrépressible joie de vivre. Rarement, il en a eu autant besoin.*

GEORGES COUTON.

# L'Avare

COMÉDIE

*Représentée pour la première fois à Paris,
sur le Théâtre du Palais-Royal,
le 9 du mois de septembre 1668
par la Troupe du Roi.*

ACTEURS [1]

HARPAGON, *père de Cléante et d'Élise, et amoureux de Mariane.*
CLÉANTE, *fils d'Harpagon, amant de Mariane.*
ÉLISE, *fille d'Harpagon, amante de Valère.*
VALÈRE, *fils d'Anselme, et amant d'Élise.*
MARIANE, *amante de Cléante, et aimée d'Harpagon.*
ANSELME, *père de Valère et de Mariane.*
FROSINE, *femme d'intrigue.*
MAÎTRE SIMON, *courtier.*
MAÎTRE JACQUES, *cuisinier et cocher d'Harpagon.*
LA FLÈCHE, *valet de Cléante.*
DAME CLAUDE, *servante d'Harpagon.*
BRINDAVOINE,
LA MERLUCHE, } *laquais d'Harpagon.*
LE COMMISSAIRE ET SON CLERC.

*La scène est à Paris.*

---

1. Voir la note sur les personnages, le décor et les accessoires de la pièce, p. 224.

# ACTE PREMIER

## *SCÈNE PREMIÈRE*

VALÈRE, ÉLISE

VALÈRE

Hé quoi ? charmante Élise, vous devenez mélancolique, après les obligeantes assurances que vous avez eu la bonté de me donner de votre foi ? Je vous vois soupirer, hélas ! au milieu de ma joie ! Est-ce du regret, dites-moi, de m'avoir fait heureux, et vous repentez-vous de cet engagement[1] où mes feux ont pu vous contraindre ?

---

1. Cet « engagement » a pris forme d'une promesse de mariage, écrite, et signée par les deux amants (voir acte V, sc. III).

### ÉLISE

Non, Valère, je ne puis pas me repentir de tout ce que je fais pour vous. Je m'y sens entraînée par une trop douce puissance, et je n'ai pas même la force de souhaiter que les choses ne fussent pas. Mais, à vous dire vrai, le succès [1] me donne de l'inquiétude ; et je crains fort de vous aimer un peu plus que je ne devrais.

### VALÈRE

Hé ! que pouvez-vous craindre, Élise, dans les bontés que vous avez pour moi ?

### ÉLISE

Hélas ! cent choses à la fois : l'emportement d'un père, les reproches d'une famille, les censures du monde ; mais plus que tout, Valère, le changement de votre cœur, et cette froideur criminelle dont ceux de votre sexe payent le plus souvent les témoignages trop ardents d'une innocente amour [2].

### VALÈRE

Ah ! ne me faites pas ce tort, de juger de moi par les autres. Soupçonnez-moi de tout, Élise,

---

1. L'issue.
2. Au XVII$^e$ siècle, *amour* au singulier peut être masculin ou féminin.

plutôt que de manquer à ce que je vous dois : je vous aime trop pour cela, et mon amour pour vous durera autant que ma vie.

#### ÉLISE

Ah ! Valère, chacun tient les mêmes discours. Tous les hommes sont semblables par les paroles ; et ce n'est que les actions qui les découvrent différents¹.

#### VALÈRE

Puisque les seules actions font connaître ce que nous sommes, attendez donc au moins à juger de mon cœur par elles, et ne me cherchez point des crimes dans les injustes craintes d'une fâcheuse prévoyance². Ne m'assassinez point, je vous prie, par les sensibles coups d'un soupçon outrageux, et donnez-moi le temps de vous convaincre, par mille et mille preuves, de l'honnêteté de mes feux.

#### ÉLISE

Hélas ! qu'avec facilité on se laisse persuader par les personnes que l'on aime ! Oui, Valère, je tiens votre cœur incapable de m'abu-

---

1. Les actes font voir les différences entre les amants, fidèles et infidèles.
2. Valère demande à Élise de ne pas lui faire un procès d'intention.

ser. Je crois que vous m'aimez d'un véritable amour, et que vous me serez fidèle ; je n'en veux point du tout douter, et je retranche mon chagrin aux appréhensions du blâme qu'on pourra me donner[1].

### VALÈRE

Mais pourquoi cette inquiétude ?

### ÉLISE

Je n'aurais rien à craindre, si tout le monde vous voyait des yeux dont je vous vois, et je trouve en votre personne de quoi avoir raison aux choses[2] que je fais pour vous. Mon cœur, pour sa défense, a tout votre mérite, appuyé du secours d'une reconnaissance où le Ciel m'engage envers vous. Je me représente à toute heure ce péril étonnant qui commença de nous offrir aux regards l'un de l'autre ; cette générosité surprenante qui vous fit risquer votre vie, pour dérober la mienne à la fureur des ondes ; ces soins pleins de tendresse que vous me fîtes éclater après m'avoir tirée de l'eau, et les hommages assidus de cet ardent amour que ni le temps ni les difficultés n'ont rebuté, et qui, vous faisant négliger et parents et patrie, arrête vos pas en ces lieux, y tient en ma faveur votre

---

1. Je borne mon inquiétude à me soucier du blâme...
2. Dans les choses...

fortune déguisée, et vous a réduit, pour me voir, à vous revêtir de l'emploi de domestique[1] de mon père. Tout cela fait chez moi sans doute un merveilleux effet ; et c'en est assez à mes yeux pour me justifier l'engagement où j'ai pu consentir ; mais ce n'est pas assez peut-être pour le justifier aux autres, et je ne suis pas sûre qu'on entre dans mes sentiments.

VALÈRE

De tout ce que vous avez dit, ce n'est que par mon seul amour que je prétends auprès de vous mériter quelque chose[2] ; et quant aux scrupules que vous avez, votre père lui-même ne prend que trop de soin de vous justifier à tout le monde ; et l'excès de son avarice, et la manière austère dont il vit avec ses enfants pourraient autoriser des choses plus étranges. Pardonnez-moi, charmante Élise, si j'en parle ainsi devant vous. Vous savez que sur ce chapitre on n'en peut pas dire de bien. Mais enfin, si je puis, comme je l'espère, retrouver mes parents, nous n'aurons pas beaucoup de peine à nous le rendre favorable. J'en attends des nouvelles avec impatience, et j'en irai chercher moi-même, si elles tardent à venir.

1. Valère s'est fait l'intendant d'Harpagon pour pouvoir approcher Élise. *Domestique* : qui vit dans la maison.
2. Valère veut n'être jugé qu'à l'aune de son amour et non en fonction des services rendus.

ÉLISE

Ah ! Valère, ne bougez d'ici, je vous prie ; et songez seulement à vous bien mettre dans l'esprit de mon père[1].

VALÈRE

Vous voyez comme je m'y prends, et les adroites complaisances qu'il m'a fallu mettre en usage pour m'introduire à son service ; sous quel masque de sympathie et de rapports de sentiments je me déguise pour lui plaire, et quel personnage je joue tous les jours avec lui, afin d'acquérir sa tendresse. J'y fais des progrès admirables ; et j'éprouve que pour gagner les hommes, il n'est point de meilleure voie que de se parer à leurs yeux de leurs inclinations, que de donner dans leurs maximes, encenser leurs défauts, et applaudir à ce qu'ils font. On n'a que faire d'avoir peur de trop charger[2] la complaisance ; et la manière dont on les joue a beau être visible, les plus fins toujours sont de grandes dupes du côté de la flatterie ; et il n'y a rien de si impertinent et de si ridicule qu'on ne fasse avaler lorsqu'on l'assaisonne en louange. La sincérité souffre un peu

---

1. À être dans les bonnes grâces de mon père.
2. *Charger* : exagérer.

*Acte I, scène I*

au métier[1] que je fais ; mais quand on a besoin des hommes, il faut bien s'ajuster à eux ; et puisqu'on ne saurait les gagner que par là, ce n'est pas la faute de ceux qui flattent, mais de ceux qui veulent être flattés.

ÉLISE

Mais que ne tâchez-vous aussi à gagner l'appui de mon frère, en cas que la servante[2] s'avisât de révéler notre secret ?

VALÈRE

On ne peut pas ménager l'un et l'autre ; et l'esprit du père et celui du fils sont des choses si opposées, qu'il est difficile d'accommoder ces deux confidences ensemble. Mais vous, de votre part, agissez auprès de votre frère, et servez-vous de l'amitié qui est entre vous deux pour le jeter dans nos intérêts. Il vient, je me retire. Prenez ce temps pour lui parler ; et ne lui découvrez de notre affaire que ce que vous jugerez à propos.

---

1. Du métier.
2. Cette servante est dame Claude qui recevra en silence les ordres d'Harpagon (acte III, sc. i). Elle chaperonne Élise. Elle est dans le secret de l'engagement conclu par les deux jeunes gens et elle a encouragé Élise à le contracter (acte V, sc. iii). Qu'Élise au lieu d'être chaperonnée par une suivante, comme la Dorine du *Tartuffe*, le soit par une servante affectée aux travaux domestiques, comme Martine des *Femmes savantes*, est une preuve de la lésine d'Harpagon.

ÉLISE

Je ne sais si j'aurai la force de lui faire cette confidence.

## SCÈNE II

CLÉANTE, ÉLISE

CLÉANTE

Je suis bien aise de vous trouver seule, ma sœur ; et je brûlais de vous parler, pour m'ouvrir à vous d'un secret.

ÉLISE

Me voilà prête à vous ouïr, mon frère. Qu'avez-vous à me dire ?

CLÉANTE

Bien des choses, ma sœur, enveloppées dans un mot : j'aime.

ÉLISE

Vous aimez ?

CLÉANTE

Oui, j'aime. Mais avant que d'aller plus loin, je sais que je dépends d'un père, et que le nom de fils me soumet à ses volontés ; que nous ne devons point engager notre foi sans le consentement de ceux dont nous tenons le jour ; que le Ciel les a faits les maîtres de nos vœux, et qu'il nous est enjoint de n'en disposer que par leur conduite[1], que n'étant prévenus d'aucune folle ardeur[2], ils sont en état de se tromper bien moins que nous, et de voir beaucoup mieux ce qui nous est propre ; qu'il en faut plutôt croire les lumières de leur prudence que l'aveuglement de notre passion ; et que l'emportement de la jeunesse nous entraîne le plus souvent dans des précipices fâcheux. Je vous dis tout cela, ma sœur, afin que vous ne vous donniez pas la peine de me le dire ; car enfin mon amour ne veut rien écouter, et je vous prie de ne me point faire de remontrances.

### ÉLISE

Vous êtes-vous engagé, mon frère, avec celle que vous aimez ?

### CLÉANTE

Non, mais j'y suis résolu ; et je vous conjure encore une fois de ne me point apporter de raisons pour m'en dissuader.

---

1. *Par leur conduite* : conduits, dirigés par eux.
2. Ils n'ont pas d'idée préconçue inspirée par l'amour.

ÉLISE

Suis-je, mon frère, une si étrange personne ?

CLÉANTE

Non, ma sœur ; mais vous n'aimez pas : vous ignorez la douce violence qu'un tendre amour fait sur nos cœurs, et j'appréhende votre sagesse.

ÉLISE

Hélas ! mon frère, ne parlons point de ma sagesse. Il n'est personne qui n'en manque, du moins une fois en sa vie ! et si je vous ouvre mon cœur, peut-être serai-je à vos yeux bien moins sage que vous.

CLÉANTE

Ah ! plût au Ciel que votre âme, comme la mienne...

ÉLISE

Finissons auparavant votre affaire, et me dites qui est celle que vous aimez.

CLÉANTE

Une jeune personne qui loge depuis peu en ces quartiers, et qui semble être faite pour donner de l'amour à tous ceux qui la voient. La nature, ma sœur, n'a rien formé de plus aimable ; et je me sentis transporté dès le moment que je la vis. Elle se nomme Mariane, et vit sous la conduite d'une bonne femme[1] de mère, qui est presque toujours malade, et pour qui cette aimable fille a des sentiments d'amitié qui ne sont pas imaginables. Elle la sert, la plaint, et la console avec une tendresse qui vous toucherait l'âme. Elle se prend d'un air le plus charmant du monde aux choses qu'elle fait, et l'on voit briller mille grâces en toutes ses actions : une douceur pleine d'attraits, une bonté tout engageante, une honnêteté adorable, une... Ah ! ma sœur, je voudrais que vous l'eussiez vue.

### ÉLISE

J'en vois beaucoup, mon frère, dans les choses que vous me dites ; et pour comprendre ce qu'elle est, il me suffit que vous l'aimez.

### CLÉANTE

J'ai découvert sous main qu'elles ne sont pas fort accommodées[2], et que leur discrète conduite a de la peine à étendre à tous leurs besoins le bien qu'elles peuvent avoir. Figurez-

---

1. D'une mère âgée. — « *Bonhomme* : un vieillard qui ne peut faire du mal, un homme simple qui ne songe à aucune malice » (Furetière, *Dictionnaire universel*, 1690).
2. Pas très à l'aise.

vous, ma sœur, quelle joie ce peut être que de relever la fortune d'une personne que l'on aime ; que de donner adroitement quelques petits secours aux modestes nécessités d'une vertueuse famille ; et concevez quel déplaisir ce m'est de voir que, par l'avarice d'un père, je sois dans l'impuissance de goûter cette joie, et de faire éclater à cette belle aucun témoignage de mon amour.

ÉLISE

Oui, je conçois assez, mon frère, quel doit être votre chagrin.

CLÉANTE

Ah ! ma sœur, il est plus grand qu'on ne peut croire. Car enfin peut-on rien voir de plus cruel que cette rigoureuse épargne qu'on exerce sur nous, que cette sécheresse étrange où l'on nous fait languir ? Et que nous servira d'avoir du bien, s'il ne nous vient que dans le temps que nous ne serons plus dans le bel âge d'en jouir, et si pour m'entretenir même, il faut que maintenant je m'engage[1] de tous côtés, si je suis réduit avec vous à chercher tous les jours le secours des marchands, pour avoir moyen de porter des habits raisonnables ?

---

1. « *Engager*, s'endetter » (Furetière).

Enfin j'ai voulu vous parler, pour m'aider à sonder mon père sur les sentiments où je suis ; et si je l'y trouve contraire, j'ai résolu d'aller en d'autres lieux, avec cette aimable personne, jouir de la fortune que le Ciel voudra nous offrir. Je fais chercher partout pour ce dessein de l'argent à emprunter ; et si vos affaires, ma sœur, sont semblables aux miennes, et qu'il faille que notre père s'oppose à nos désirs, nous le quitterons là tous deux et nous affranchirons de cette tyrannie où nous tient depuis si longtemps son avarice insupportable.

ÉLISE

Il est bien vrai que, tous les jours, il nous donne de plus en plus sujet de regretter la mort de notre mère, et que...

CLÉANTE

J'entends sa voix. Éloignons-nous un peu, pour nous achever notre confidence ; et nous joindrons après nos forces pour venir attaquer la dureté de son humeur.

## SCÈNE III

HARPAGON, LA FLÈCHE

HARPAGON

Hors d'ici tout à l'heure, et qu'on ne réplique pas. Allons, que l'on détale de chez moi, maître juré filou, vrai gibier de potence[1].

LA FLÈCHE

Je n'ai jamais rien vu de si méchant que ce maudit vieillard et je pense, sauf correction[2], qu'il a le diable au corps.

HARPAGON

Tu murmures entre tes dents.

LA FLÈCHE

Pourquoi me chassez-vous ?

---

1. *L'Aululaire* de Plaute commence avec l'expulsion de Staphyla par Euclio. Molière imite ici cette scène.
2. « On dit adverbialement *sauf correction* par civilité, ou par respect, pour corriger et adoucir quelque chose qu'on a dit de trop libre et qui pourrait offenser quelqu'un » (Furetière). La Flèche nomme le diable, risquant ainsi de l'évoquer ; son « sauf correction » atténue une formule audacieuse.

### HARPAGON

C'est bien à toi, pendard, à me demander des raisons ; sors vite, que[1] je ne t'assomme.

### LA FLÈCHE

Qu'est-ce que je vous ai fait ?

### HARPAGON

Tu m'as fait que je veux que tu sortes.

### LA FLÈCHE

Mon maître, votre fils, m'a donné ordre de l'attendre.

### HARPAGON

Va-t'en l'attendre dans la rue, et ne sois point dans ma maison planté tout droit comme un piquet, à observer ce qui se passe, et faire ton profit de tout. Je ne veux point avoir sans cesse devant moi un espion de mes affaires, un traître, dont les yeux maudits assiègent toutes mes actions, dévorent ce que je possède, et furètent de tous côtés pour voir s'il n'y a rien à voler.

### LA FLÈCHE

Comment diantre voulez-vous qu'on fasse pour vous voler ? Êtes-vous un homme

---

1. Avant que.

volable, quand vous renfermez toutes choses, et faites sentinelle jour et nuit ?

HARPAGON

Je veux renfermer ce que bon me semble, et faire sentinelle comme il me plaît. Ne voilà pas de mes mouchards, qui prennent garde à ce qu'on fait ? Je tremble qu'il n'ait soupçonné quelque chose de mon argent. Ne serais-tu point homme à aller faire courir le bruit que j'ai chez moi de l'argent caché ?

LA FLÈCHE

Vous avez de l'argent caché ?

HARPAGON

Non, coquin, je ne dis pas cela. (*À part.*) J'enrage. Je demande si malicieusement tu n'irais point faire courir le bruit que j'en ai.

LA FLÈCHE

Hé ! que nous importe que vous en ayez ou que vous n'en ayez pas, si c'est pour nous la même chose ?

HARPAGON

Tu fais le raisonneur. Je te baillerai[1] de ce

---

1. *Bailler* : donner des coups. Le mot est déjà déclaré vieilli par Vaugelas, dans ses *Remarques sur la langue française* (1647).

raisonnement-ci par les oreilles. (*Il lève la main pour lui donner un soufflet.*) Sors d'ici, encore une fois.

LA FLÈCHE

Hé bien ! je sors.

HARPAGON

Attends. Ne m'emportes-tu rien ?

LA FLÈCHE

Que vous emporterais-je ?

HARPAGON

Viens çà, que je voie. Montre-moi tes mains.

LA FLÈCHE

Les voilà.

HARPAGON

Les autres[1].

LA FLÈCHE

Les autres ?

---

1. Dans *L'Aululaire*, l'Avare fouille l'esclave Strobile, lui fait montrer ses deux mains et demande à voir la troisième. Le trait avait été repris avant Molière par Samuel Chappuzeau dans *L'Avare dupé ou L'Homme de paille*, joué en 1663.

#### HARPAGON

Oui.

#### LA FLÈCHE

Les voilà.

#### HARPAGON

N'as-tu rien mis ici dedans ?

#### LA FLÈCHE

Voyez vous-même.

HARPAGON. *Il tâte le bas de ses chausses.*

Ces grands hauts-de-chausses sont propres à devenir les receleurs des choses qu'on dérobe ; et je voudrais qu'on en eût fait pendre quelqu'un.

#### LA FLÈCHE

Ah ! qu'un homme comme cela mériterait bien ce qu'il craint ! et que j'aurais de joie à le voler !

#### HARPAGON

Euh ?

#### LA FLÈCHE

Quoi ?

HARPAGON

Qu'est-ce que tu parles de voler ?

LA FLÈCHE

Je dis que vous fouillez bien partout, pour voir si je vous ai volé.

HARPAGON

C'est ce que je veux faire.

*Il fouille dans les poches de La Flèche.*

LA FLÈCHE

La peste soit de l'avarice et des avaricieux !

HARPAGON

Comment ? que dis-tu ?

LA FLÈCHE

Ce que je dis ?

HARPAGON

Oui : qu'est-ce que tu dis d'avarice et d'avaricieux ?

LA FLÈCHE

Je dis que la peste soit de l'avarice et des avaricieux.

#### HARPAGON

De qui veux-tu parler ?

#### LA FLÈCHE

Des avaricieux.

#### HARPAGON

Et qui sont-ils ces avaricieux ?

#### LA FLÈCHE

Des vilains et des ladres[1].

#### HARPAGON

Mais qui est-ce que tu entends par là ?

#### LA FLÈCHE

De quoi vous mettez-vous en peine ?

#### HARPAGON

Je me mets en peine de ce qu'il faut.

#### LA FLÈCHE

Est-ce que vous croyez que je veux parler de vous ?

---

1. « Un vilain, c'est un homme avare » (Furetière). — « *Ladre* signifie figurément en morale, avare, vilain et malpropre » (Furetière).

### HARPAGON

Je crois ce que je crois ; mais je veux que tu me dises à qui tu parles quand tu dis cela.

### LA FLÈCHE

Je parle... je parle à mon bonnet.

### HARPAGON

Et moi, je pourrais bien parler à ta barrette[1].

### LA FLÈCHE

M'empêcherez-vous de maudire les avaricieux ?

### HARPAGON

Non ; mais je t'empêcherai de jaser, et d'être insolent. Tais-toi.

### LA FLÈCHE

Je ne nomme personne.

### HARPAGON

Je te rosserai, si tu parles.

---

1. « *Barrette* : bonnet dont on use en Italie [...]. On dit proverbialement et bassement *parler à la barrette* de quelqu'un pour dire le quereller, lui faire quelque reproche, quelque réprimande » (Furetière).

LA FLÈCHE

Qui se sent morveux, qu'il se mouche.

HARPAGON

Te tairas-tu ?

LA FLÈCHE

Oui, malgré moi.

HARPAGON

Ha ! ha !

LA FLÈCHE, *lui montrant une des poches de son justaucorps*

Tenez, voilà encore une poche ; êtes-vous satisfait ?

HARPAGON

Allons, rends-le-moi sans te fouiller.

LA FLÈCHE

Quoi ?

HARPAGON

Ce que tu m'as pris.

LA FLÈCHE

Je ne vous ai rien pris du tout.

HARPAGON

Assurément ?

LA FLÈCHE

Assurément.

HARPAGON

Adieu, va-t'en à tous les diables.

LA FLÈCHE

Me voilà fort bien congédié.

HARPAGON

Je te le mets sur ta conscience, au moins. Voilà un pendard de valet qui m'incommode fort, et je ne me plais point à voir ce chien de boiteux-là[1].

## SCÈNE IV

ÉLISE, CLÉANTE, HARPAGON

HARPAGON

Certes ce n'est pas une petite peine que de garder chez soi une grande somme d'argent ; et

---

1. Béjart, le beau-frère de Molière, était en effet boiteux.

bienheureux qui a tout son fait[1] bien placé, et ne conserve seulement que ce qu'il faut pour sa dépense. On n'est pas peu embarrassé à inventer dans toute une maison une cache fidèle ; car pour moi, les coffres-forts me sont suspects, et je ne veux jamais m'y fier : je les tiens justement une franche amorce à voleurs, et c'est toujours la première chose que l'on va attaquer. Cependant je ne sais si j'aurai bien fait d'avoir enterré dans mon jardin dix mille écus qu'on me rendit[2] hier. Dix mille écus en or chez soi est une somme assez...

*Ici le frère et la sœur paraissent s'entretenant bas.*

Ô Ciel ! je me serai trahi moi-même : la chaleur m'aura emporté, et je crois que j'ai parlé haut en raisonnant tout seul. Qu'est-ce ?

CLÉANTE

Rien, mon père.

HARPAGON

Y a-t-il longtemps que vous êtes là ?

---

1. *Fait* : fortune.
2. Harpagon est usurier : cet enfouissement de son or n'est pas une thésaurisation ; il attend un nouvel emploi. La somme est énorme.

ÉLISE

Nous ne venons que d'arriver.

HARPAGON

Vous avez entendu...

CLÉANTE

Quoi, mon père ?

HARPAGON

Là...

ÉLISE

Quoi ?

HARPAGON

Ce que je viens de dire.

CLÉANTE

Non.

HARPAGON

Si fait, si fait.

ÉLISE

Pardonnez-moi.

HARPAGON

Je vois bien que vous en avez ouï quelques

mots. C'est que je m'entretenais en moi-même de la peine qu'il y a aujourd'hui à trouver de l'argent, et je disais qu'il est bienheureux qui peut avoir dix mille écus chez soi.

CLÉANTE

Nous feignions[1] à vous aborder, de peur de vous interrompre.

HARPAGON

Je suis bien aise de vous dire cela, afin que vous n'alliez pas prendre les choses de travers et vous imaginer que je dise que c'est moi qui ai dix mille écus.

CLÉANTE

Nous n'entrons point dans vos affaires.

HARPAGON

Plût à Dieu que je les eusse, dix mille écus !

CLÉANTE

Je ne crois pas...

HARPAGON

Ce serait une bonne affaire pour moi.

---

1. « *Feindre* signifie aussi craindre » (Furetière).

ÉLISE

Ce sont des choses...

HARPAGON

J'en aurais bon besoin.

CLÉANTE

Je pense que...

HARPAGON

Cela m'accommoderait fort.

ÉLISE

Vous êtes...

HARPAGON

Et je ne me plaindrais pas, comme je fais, que le temps est misérable.

CLÉANTE

Mon Dieu ! mon père, vous n'avez pas lieu de vous plaindre, et l'on sait que vous avez assez de bien.

HARPAGON

Comment ? j'ai assez de bien ! Ceux qui le disent en ont menti. Il n'y a rien de plus faux ; et ce sont des coquins qui font courir tous ces bruits-là.

ÉLISE

Ne vous mettez point en colère.

HARPAGON

Cela est étrange, que mes propres enfants me trahissent et deviennent mes ennemis !

CLÉANTE

Est-ce être votre ennemi que de dire que vous avez du bien !

HARPAGON

Oui, de pareils discours et les dépenses que vous faites seront cause qu'un de ces jours on me viendra chez moi couper la gorge, dans la pensée que je suis tout cousu de pistoles[1].

CLÉANTE

Quelle grande dépense est-ce que je fais ?

HARPAGON

Quelle ? Est-il rien de plus scandaleux que ce somptueux équipage que vous promenez par la ville ? Je querellais hier votre sœur ; mais c'est encore pis. Voilà qui crie vengeance au

---

1. *Être cousu de pistoles* : avoir la doublure des vêtements remplie de pièces d'or, et par extension, être très riche.

Ciel ; et à vous prendre depuis les pieds jusqu'à la tête, il y aurait là de quoi faire une bonne constitution[1]. Je vous l'ai dit vingt fois, mon fils, toutes vos manières me déplaisent fort : vous donnez furieusement dans le marquis ; et pour aller ainsi vêtu, il faut bien que vous me dérobiez.

### CLÉANTE

Hé ! comment vous dérober ?

### HARPAGON

Que sais-je ? Où pouvez-vous donc prendre de quoi entretenir l'état que vous portez ?

### CLÉANTE

Moi, mon père ? C'est que je joue ; et comme je suis fort heureux, je mets sur moi tout l'argent que je gagne.

### HARPAGON

C'est fort mal fait. Si vous êtes heureux au jeu, vous en devriez profiter, et mettre à honnête intérêt l'argent que vous gagnez afin de le trouver un jour. Je voudrais bien savoir, sans parler du reste, à quoi servent tous ces rubans

---

1. Une constitution de rente, c'est-à-dire un placement à intérêt.

dont vous voilà lardé[1] depuis les pieds jusqu'à la tête, et si une demi-douzaine d'aiguillettes[2] ne suffit pas pour attacher un haut-de-chausses ? Il est bien nécessaire d'employer de l'argent à des perruques, lorsque l'on peut porter des cheveux de son cru, qui ne coûtent rien. Je vais gager qu'en perruques et rubans, il y a du moins vingt pistoles[3] ; et vingt pistoles rapportent par année dix-huit livres six sols huit deniers, à ne les placer qu'au denier douze[4].

CLÉANTE

Vous avez raison.

HARPAGON

Laissons cela, et parlons d'autre affaire. Euh ? Je crois qu'ils se font signe l'un à l'autre

---

1. *Larder* : garnir. Le terme appartient avant tout au domaine culinaire : larder un morceau de veau.
2. Les *aiguillettes* sont des lacets qui attachent le haut-de-chausses (la culotte), au pourpoint (la veste). La mode est de les dissimuler par des flots de rubans. Les aiguillettes visibles sont signe de refus de la mode par esprit rétrograde ou par lésine.
3. La pistole vaut 11 livres.
4. Le *denier douze* est un intérêt de un denier pour douze prêtés, soit 8,3 %. « Le roi a fixé les rentes du denier vingt », dit Furetière. Le taux qu'envisage Harpagon est usuraire, mais sans excès puisque, toujours selon Furetière, les traitants empruntent au denier huit (plus de 12 %). Harpagon lui-même pratique un taux infiniment supérieur (voir la Préface, p. 15).

de me voler ma bourse. Que veulent dire ces gestes-là ?

ÉLISE

Nous marchandons [1], mon frère et moi, à qui parlera le premier ; et nous avons tous deux quelque chose à vous dire.

HARPAGON

Et moi, j'ai quelque chose aussi à vous dire à tous deux.

CLÉANTE

C'est de mariage, mon père, que nous désirons vous parler.

HARPAGON

Et c'est de mariage aussi que je veux vous entretenir.

ÉLISE

Ah ! mon père !

HARPAGON

Pourquoi ce cri ? Est-ce le mot, ma fille, ou la chose, qui vous fait peur ?

---

1. « *Marchander* : être irrésolu, balancer entre deux partis » (Furetière).

#### CLÉANTE

Le mariage peut nous faire peur à tous deux, de la façon que vous pouvez l'entendre ; et nous craignons que nos sentiments ne soient pas d'accord avec votre choix.

#### HARPAGON

Un peu de patience. Ne vous alarmez point. Je sais ce qu'il faut à tous deux ; et vous n'aurez ni l'un ni l'autre aucun lieu de vous plaindre de tout ce que je prétends faire. Et pour commencer par un bout : avez-vous vu, dites-moi, une jeune personne appelée Mariane, qui ne loge pas loin d'ici ?

#### CLÉANTE

Oui, mon père.

#### HARPAGON

Et vous ?

#### ÉLISE

J'en ai ouï parler.

#### HARPAGON

Comment, mon fils, trouvez-vous cette fille ?

CLÉANTE

Une fort charmante personne.

HARPAGON

Sa physionomie ?

CLÉANTE

Tout honnête, et pleine d'esprit.

HARPAGON

Son air et sa manière ?

CLÉANTE

Admirables, sans doute.

HARPAGON

Ne croyez-vous pas qu'une fille comme cela mériterait assez que l'on songeât à elle ?

CLÉANTE

Oui, mon père.

HARPAGON

Que ce serait un parti souhaitable ?

CLÉANTE

Très souhaitable.

#### HARPAGON

Qu'elle a toute la mine de faire un bon ménage ?

#### CLÉANTE

Sans doute.

#### HARPAGON

Et qu'un mari aurait satisfaction avec elle ?

#### CLÉANTE

Assurément.

#### HARPAGON

Il y a une petite difficulté : c'est que j'ai peur qu'il n'y ait pas avec elle tout le bien qu'on pourrait prétendre.

#### CLÉANTE

Ah ! mon père, le bien n'est pas considérable, lorsqu'il est question d'épouser une honnête personne.

#### HARPAGON

Pardonnez-moi, pardonnez-moi. Mais ce qu'il y a à dire, c'est que si l'on n'y trouve pas tout le bien qu'on souhaite, on peut tâcher de regagner cela sur autre chose.

#### CLÉANTE

Cela s'entend.

#### HARPAGON

Enfin je suis bien aise de vous voir dans mes sentiments ; car son maintien honnête et sa douceur m'ont gagné l'âme, et je suis résolu de l'épouser, pourvu que j'y trouve quelque bien.

#### CLÉANTE

Euh ?

#### HARPAGON

Comment ?

#### CLÉANTE

Vous êtes résolu, dites-vous... ?

#### HARPAGON

D'épouser Mariane.

#### CLÉANTE

Qui, vous ? vous ?

#### HARPAGON

Oui, moi, moi, moi. Que veut dire cela ?

CLÉANTE

Il m'a pris tout à coup un éblouissement[1], et je me retire d'ici.

HARPAGON

Cela ne sera rien. Allez vite boire dans la cuisine un grand verre d'eau claire. Voilà de mes damoiseaux flouets[2], qui n'ont non plus de vigueur que des poules. C'est là, ma fille, ce que j'ai résolu pour moi. Quant à ton frère, je lui destine une certaine veuve dont ce matin on m'est venu parler ; et pour toi, je te donne au seigneur Anselme.

ÉLISE

Au seigneur Anselme ?

HARPAGON

Oui, un homme mûr, prudent et sage, qui n'a pas plus de cinquante ans, et dont on vante les grands biens.

ÉLISE. *Elle fait une révérence.*

Je ne veux point me marier, mon père, s'il vous plaît.

---

1. Un *éblouissement* désigne ici un étourdissement.
2. « *Damoiseau* [...] un homme qui fait le beau fils, qui affecte trop de propreté [d'élégance], un galant de profession » (Furetière). « *Flouet* : corps délicat, de mauvaise constitution et peu robuste. Quelques-uns disent fluet » (Furetière).

HARPAGON. *Il contrefait la révérence.*

Et moi, ma petite fille ma mie, je veux que vous vous mariiez, s'il vous plaît.

ÉLISE

Je vous demande pardon, mon père.

HARPAGON

Je vous demande pardon, ma fille.

ÉLISE

Je suis très humble servante au seigneur Anselme ; mais avec votre permission, je ne l'épouserai point.

HARPAGON

Je suis votre très humble valet ; mais, avec votre permission, vous l'épouserez dès ce soir.

ÉLISE

Dès ce soir ?

HARPAGON

Dès ce soir.

ÉLISE

Cela ne sera pas, mon père.

#### HARPAGON

Cela sera, ma fille.

#### ÉLISE

Non.

#### HARPAGON

Si.

#### ÉLISE

Non, vous dis-je.

#### HARPAGON

Si, vous dis-je.

#### ÉLISE

C'est une chose où vous ne me réduirez point.

#### HARPAGON

C'est une chose où je te réduirai.

#### ÉLISE

Je me tuerai plutôt que d'épouser un tel mari.

#### HARPAGON

Tu ne te tueras point, et tu l'épouseras. Mais voyez quelle audace ! A-t-on jamais vu une fille parler de la sorte à son père ?

ÉLISE

Mais a-t-on jamais vu un père marier sa fille de la sorte ?

HARPAGON

C'est un parti où il n'y a rien à redire ; et je gage que tout le monde approuvera mon choix.

ÉLISE

Et moi, je gage qu'il ne saurait être approuvé d'aucune personne raisonnable.

HARPAGON

Voilà Valère : veux-tu qu'entre nous deux nous le fassions juge de cette affaire ?

ÉLISE

J'y consens.

HARPAGON

Te rendras-tu à son jugement ?

ÉLISE

Oui, j'en passerai par ce qu'il dira.

HARPAGON

Voilà qui est fait.

## SCÈNE V

VALÈRE, HARPAGON, ÉLISE

HARPAGON

Ici, Valère. Nous t'avons élu pour nous dire qui a raison, de ma fille ou de moi.

VALÈRE

C'est vous, Monsieur, sans contredit.

HARPAGON

Sais-tu bien de quoi nous parlons ?

VALÈRE

Non, mais vous ne sauriez avoir tort, et vous êtes toute raison.

HARPAGON

Je veux ce soir lui donner pour époux un homme aussi riche que sage ; et la coquine me dit au nez qu'elle se moque de le prendre. Que dis-tu de cela ?

VALÈRE

Ce que j'en dis ?

HARPAGON

Oui.

VALÈRE

Eh, eh.

HARPAGON

Quoi ?

VALÈRE

Je dis que dans le fond je suis de votre sentiment ; et vous ne pouvez pas que vous n'ayez raison[1]. Mais aussi n'a-t-elle pas tort tout à fait, et...

HARPAGON

Comment ? le seigneur Anselme est un parti considérable, c'est un gentilhomme qui est noble, doux, posé, sage, et fort accommodé, et auquel il ne reste aucun enfant de son premier mariage. Saurait-elle mieux rencontrer ?

VALÈRE

Cela est vrai. Mais elle pourrait vous dire que c'est un peu précipiter les choses ; et qu'il faudrait au moins quelque temps pour voir si son inclination pourra s'accommoder avec...

---

1. Il ne se peut pas que vous n'ayez pas raison. Tous les exemples donnés par Livet, *Lexique de Molière* (1895), et Littré, *Dictionnaire de la langue française* (1863-1873), comportent la négation simple : « Vous ne pouvez que... » Valère ajoute *pas* pour donner de l'énergie à son propos.

#### HARPAGON

C'est une occasion qu'il faut prendre vite aux cheveux. Je trouve ici un avantage qu'ailleurs je ne trouverais pas, et il s'engage à la prendre sans dot[1].

#### VALÈRE

Sans dot ?

#### HARPAGON

Oui.

#### VALÈRE

Ah ! je ne dis plus rien. Voyez-vous ? voilà une raison tout à fait convaincante ; il se faut rendre à cela.

#### HARPAGON

C'est pour moi une épargne considérable.

#### VALÈRE

Assurément, cela ne reçoit point de contradiction. Il est vrai que votre fille vous peut représenter que le mariage est une plus grande affaire qu'on ne peut croire ; qu'il y va d'être

---

1. Dans *L'Aululaire* de Plaute, Euclio fait observer plusieurs fois aussi que sa fille sera mariée sans dot. Mais de ce qui n'était qu'insistance normale sur une clause d'un contrat, Molière a tiré un effet comique irrésistible.

heureux ou malheureux toute sa vie ; et qu'un engagement qui doit durer jusqu'à la mort ne se doit jamais faire qu'avec de grandes précautions.

HARPAGON

Sans dot.

VALÈRE

Vous avez raison : voilà qui décide tout, cela s'entend. Il y a des gens qui pourraient vous dire qu'en de telles occasions l'inclination d'une fille est une chose sans doute où l'on doit avoir de l'égard ; et que cette grande inégalité d'âge, d'humeur et de sentiments, rend un mariage sujet à des accidents très fâcheux.

HARPAGON

Sans dot.

VALÈRE

Ah ! il n'y a pas de réplique à cela : on le sait bien ; qui diantre peut aller là contre ? Ce n'est pas qu'il n'y ait quantité de pères qui aimeraient mieux ménager la satisfaction de leurs filles que l'argent qu'ils pourraient donner ; qui ne les voudraient point sacrifier à l'intérêt, et chercheraient plus que toute autre chose à mettre dans un mariage cette douce conformité qui sans cesse y maintient l'honneur, la tranquillité et la joie, et que...

### HARPAGON

Sans dot.

### VALÈRE

Il est vrai : cela ferme la bouche à tout, *sans dot*. Le moyen de résister à une raison comme celle-là ?

### HARPAGON. *Il regarde vers le jardin.*

Ouais ! il me semble que j'entends un chien qui aboie. N'est-ce point qu'on en voudrait à mon argent ? Ne bougez, je reviens tout à l'heure.

### ÉLISE

Vous moquez-vous, Valère, de lui parler comme vous faites ?

### VALÈRE

C'est pour ne point l'aigrir, et pour en venir mieux à bout. Heurter de front ses sentiments est le moyen de tout gâter ; et il y a de certains esprits qu'il ne faut prendre qu'en biaisant, des tempéraments ennemis de toute résistance, des naturels rétifs, que la vérité fait cabrer, qui toujours se roidissent contre le droit chemin de la raison, et qu'on ne mène qu'en tournant où l'on veut les conduire. Faites semblant de consentir à ce qu'il veut, vous en viendrez mieux à vos fins, et...

ÉLISE

Mais ce mariage, Valère ?

VALÈRE

On cherchera des biais pour le rompre.

ÉLISE

Mais quelle invention trouver, s'il se doit conclure ce soir ?

VALÈRE

Il faut demander un délai, et feindre quelque maladie.

ÉLISE

Mais on découvrira la feinte, si l'on appelle des médecins.

VALÈRE

Vous moquez-vous ? Y connaissent-ils quelque chose ? Allez, allez, vous pourrez avec eux avoir quel mal il vous plaira, ils vous trouveront des raisons pour vous dire d'où cela vient.

HARPAGON

Ce n'est rien, Dieu merci.

#### VALÈRE

Enfin notre dernier recours, c'est que la fuite nous peut mettre à couvert de tout ; et si votre amour, belle Élise, est capable d'une fermeté... (*Il aperçoit Harpagon.*) Oui, il faut qu'une fille obéisse à son père. Il ne faut point qu'elle regarde comme un mari est fait, et lorsque la grande raison de *sans dot* s'y rencontre, elle doit être prête à prendre tout ce qu'on lui donne.

#### HARPAGON

Bon. Voilà bien parlé, cela.

#### VALÈRE

Monsieur, je vous demande pardon si je m'emporte un peu et prends la hardiesse de lui parler comme je fais.

#### HARPAGON

Comment ? j'en suis ravi, et je veux que tu prennes sur elle un pouvoir absolu. Oui, tu as beau fuir. Je lui donne l'autorité que le Ciel me donne sur toi, et j'entends que tu fasses tout ce qu'il te dira.

#### VALÈRE

Après cela, résistez à mes remontrances.

Monsieur, je vais la suivre, pour lui continuer les leçons que je lui faisais.

### HARPAGON

Oui, tu m'obligeras. Certes...

### VALÈRE

Il est bon de lui tenir un peu la bride haute[1].

### HARPAGON

Cela est vrai. Il faut...

### VALÈRE

Ne vous mettez pas en peine. Je crois que j'en viendrai à bout.

### HARPAGON

Fais, fais. Je m'en vais faire un petit tour en ville, et reviens tout à l'heure.

### VALÈRE

Oui, l'argent est plus précieux que toutes les choses du monde, et vous devez rendre grâces au Ciel de l'honnête homme de père qu'il vous a donné. Il sait ce que c'est que de vivre. Lorsqu'on s'offre de prendre une fille sans dot, on ne doit point regarder plus avant. Tout est ren-

---

1. *Tenir la bride haute* à quelqu'un, c'est ne pas lui laisser une totale liberté d'action.

fermé là-dedans, et *sans dot* tient lieu de beauté, de jeunesse, de naissance, d'honneur, de sagesse et de probité.

### HARPAGON

Ah ! le brave garçon ! Voilà parlé comme un oracle. Heureux qui peut avoir un domestique de la sorte !

# ACTE II

## SCÈNE PREMIÈRE

CLÉANTE, LA FLÈCHE

CLÉANTE

Ah ! traître que tu es, où t'es-tu donc allé fourrer ? Ne t'avais-je pas donné ordre...

LA FLÈCHE

Oui, Monsieur, et je m'étais rendu ici pour vous attendre de pied ferme ; mais Monsieur votre père, le plus malgracieux des hommes, m'a chassé dehors malgré moi, et j'ai couru risque d'être battu.

CLÉANTE

Comment va notre affaire ? Les choses pressent plus que jamais ; et depuis que je ne t'ai vu, j'ai découvert que mon père est mon rival.

LA FLÈCHE

Votre père amoureux ?

CLÉANTE

Oui ; et j'ai eu toutes les peines du monde à lui cacher le trouble où cette nouvelle m'a mis.

LA FLÈCHE

Lui se mêler d'aimer ! De quoi diable s'avise-t-il ? Se moque-t-il du monde ? Et l'amour a-t-il été fait pour des gens bâtis comme lui ?

CLÉANTE

Il a fallu, pour mes péchés, que cette passion lui soit venue en tête.

LA FLÈCHE

Mais par quelle raison lui faire un mystère de votre amour ?

CLÉANTE

Pour lui donner moins de soupçon, et me conserver au besoin des ouvertures[1] plus aisées pour détourner ce mariage. Quelle réponse t'a-t-on faite ?

---

1. « *Ouverture* [...], expédient » (Furetière).

### LA FLÈCHE

Ma foi ! Monsieur, ceux qui empruntent sont bien malheureux ; et il faut essuyer d'étranges choses lorsqu'on en est réduit à passer, comme vous, par les mains des fesse-mathieux [1].

### CLÉANTE

L'affaire ne se fera point ?

### LA FLÈCHE

Pardonnez-moi. Notre maître Simon, le courtier qu'on nous a donné, homme agissant et plein de zèle, dit qu'il a fait rage pour vous ; et il assure que votre seule physionomie lui a gagné le cœur.

### CLÉANTE

J'aurai les quinze mille francs que je demande ?

### LA FLÈCHE

Oui ; mais à quelques petites conditions, qu'il faudra que vous acceptiez, si vous avez dessein que les choses se fassent.

---

1. « On appelle *fesse-mathieu* un homme qui prête à gros intérêts et qu'on ne veut pas nommer ouvertement usurier » (Furetière).

#### CLÉANTE

T'a-t-il fait parler à celui qui doit prêter l'argent ?

#### LA FLÈCHE

Ah ! vraiment, cela ne va pas de la sorte. Il apporte encore plus de soin à se cacher que vous, et ce sont des mystères bien plus grands que vous ne pensez. On ne veut point du tout dire son nom, et l'on doit aujourd'hui l'aboucher[1] avec vous, dans une maison empruntée, pour être instruit, par votre bouche, de votre bien et de votre famille ; et je ne doute point que le seul nom de votre père ne rende les choses faciles.

#### CLÉANTE

Et principalement notre mère étant morte, dont on ne peut m'ôter le bien.

#### LA FLÈCHE

Voici quelques articles qu'il a dictés lui-même à notre entremetteur, pour vous être montrés, avant que de rien faire :
*Supposé que le prêteur voie toutes ses sûretés, et que l'emprunteur soit majeur, et d'une famille où le bien soit ample, solide, assuré,*

---

1. *Aboucher* : mettre en relation.

*clair, et net de tout embarras, on fera une bonne et exacte obligation par-devant un notaire, le plus honnête homme qu'il se pourra, et qui, pour cet effet, sera choisi par le prêteur, auquel il importe le plus que l'acte soit dûment dressé.*

CLÉANTE

Il n'y a rien à dire à cela.

LA FLÈCHE

*Le prêteur, pour ne charger sa conscience d'aucun scrupule, prétend ne donner son argent qu'au denier dix-huit*[1].

CLÉANTE

Au denier dix-huit ? Parbleu ! voilà qui est honnête. Il n'y a pas lieu de se plaindre.

LA FLÈCHE

Cela est vrai.

*Mais comme ledit prêteur n'a pas chez lui la somme dont il est question, et que pour faire plaisir à l'emprunteur, il est contraint lui-même de l'emprunter d'un autre, sur le pied du denier cinq*[2], *il conviendra que ledit premier*

1. 5,5 %.
2. 20 %.

*emprunteur paye cet intérêt, sans préjudice du reste, attendu que ce n'est que pour l'obliger que ledit prêteur s'engage à cet emprunt.*

CLÉANTE

Comment diable ! quel Juif, quel Arabe[1] est-ce là ? C'est plus qu'au denier quatre[2].

LA FLÈCHE

Il est vrai ; c'est ce que j'ai dit. Vous avez à voir là-dessus.

CLÉANTE

Que veux-tu que je voie ? J'ai besoin d'argent ; et il faut bien que je consente à tout.

LA FLÈCHE

C'est la réponse que j'ai faite.

CLÉANTE

Il y a encore quelque chose ?

LA FLÈCHE

Ce n'est plus qu'un petit article.

---

1. « *Arabe* : avare, cruel, tyran. Cet usurier est un arabe envers ses créanciers, il ne leur relâche rien » (Furetière).
2. Cléante paiera 5,5 % au premier prêteur, plus 20 % pour celui auquel le prêteur s'est lui-même adressé ; soit 25,5 %. Le *denier quatre* serait 25 % seulement.

*Des quinze mille francs qu'on demande, le prêteur ne pourra compter en argent que douze mille livres, et pour les mille écus restants, il faudra que l'emprunteur prenne les hardes, nippes, et bijoux dont s'ensuit le mémoire, et que ledit prêteur a mis, de bonne foi, au plus modique prix qu'il lui a été possible*[1].

CLÉANTE

Que veut dire cela ?

LA FLÈCHE

Écoutez le mémoire.

*Premièrement, un lit de quatre pieds, à bandes de points de Hongrie*[2], *appliquées fort proprement sur un drap de couleur d'olive, avec six chaises et la courtepointe de même ;*

---

1. L'opération, qui consiste à fournir en marchandises une partie de la somme prêtée, me paraît n'être pas autre chose qu'une application du contrat Mohatra, dont traite la *VIII<sup>e</sup> Provinciale* de Pascal (1657). Le contrat Mohatra a été imaginé, semble-t-il, pour tourner l'interdiction par l'Église du prêt à intérêt. Le prêt d'argent à titre onéreux se dissimulait sous une vente fictive. Le prêteur fournissait la somme en marchandises qu'il rachetait immédiatement pour un prix moindre : la différence entre prix de vente et prix de rachat constituait son intérêt.

2. Le *point de Hongrie* est un point de dentelle à l'aiguille sur mousseline. Le contexte invite à penser à une marchandise parfaitement démodée.

*le tout bien conditionné, et doublé d'un petit taffetas changeant rouge et bleu.*

*Plus, un pavillon à queue, d'une bonne serge d'Aumale rose-sèche, avec le mollet*[1] *et les franges de soie.*

CLÉANTE

Que veut-il que je fasse de cela ?

LA FLÈCHE

Attendez.

*Plus, une tenture de tapisserie des amours de Gombaut et de Macée*[2].

*Plus, une grande table de bois de noyer, à douze colonnes ou piliers tournés, qui se tire par les deux bouts, et garnie par le dessous de ses six escabelles.*

---

1. « *Pavillon* [...] garniture de lit taillée en rond qui s'attache au plancher [plafond] et qui a figure d'une tente. Les pavillons ne sont guère en usage que pour les lits de valets » (Furetière). La *queue* doit être quelque garniture qui pend du pavillon ; le *mollet* est une frange, « large d'un travers de doigt » (Furetière).
2. Cette tapisserie, lorsqu'elle était complète, comportait huit panneaux représentant des scènes de la vie champêtre. Des strophes commentent la scène. La plus ancienne connue est inventoriée en 1532. Pour un admirateur du peintre Mignard, comme l'était Molière, cet art devait apparaître parfaitement suranné et « gothique ».

CLÉANTE

Qu'ai-je affaire, morbleu... ?

LA FLÈCHE

Donnez-vous patience.

*Plus, trois gros mousquets tout garnis de nacre de perles, avec les trois fourchettes[1] assortissantes.*
*Plus, un fourneau de brique, avec deux cornues, et trois récipients, fort utiles à ceux qui sont curieux de distiller.*

CLÉANTE

J'enrage.

LA FLÈCHE

Doucement.

*Plus, un luth de Bologne, garni de toutes ses cordes, ou peu s'en faut.*
*Plus, un trou-madame[2], et un damier, avec un jeu de l'oie renouvelé des Grecs, fort propres à passer le temps lorsque l'on n'a que faire.*

1. Le mousquet étant très lourd, pour tirer, on appuyait l'extrémité de son canon sur une petite fourche fichée en terre.
2. Le *trou-madame* est une sorte de billard.

*Plus, une peau de lézard, de trois pieds et demi, remplie de foin, curiosité agréable pour pendre au plancher d'une chambre.*

*Le tout, ci-dessus mentionné, valant loyalement plus de quatre mille cinq cents livres, et rabaissé à la valeur de mille écus, par la discrétion du prêteur.*

### CLÉANTE

Que la peste l'étouffe avec sa discrétion[1], le traître, le bourreau qu'il est ! A-t-on jamais parlé d'une usure semblable ? Et n'est-il pas content du furieux intérêt qu'il exige, sans vouloir encore m'obliger à prendre, pour trois mille livres, les vieux rogatons qu'il ramasse ? Je n'aurai pas deux cents écus de tout cela ; et cependant il faut bien me résoudre à consentir à ce qu'il veut, car il est en état de me faire tout accepter, et il me tient, le scélérat, le poignard sur la gorge.

### LA FLÈCHE

Je vous vois, Monsieur, ne vous en déplaise, dans le grand chemin justement que tenait Panurge pour se ruiner, prenant argent d'avance, achetant cher, vendant à bon marché, et mangeant son blé en herbe[2].

---

1. La *discrétion* est ici le pouvoir de décider.
2. *Manger son blé en herbe* : dépenser son revenu par avance. Cf. Rabelais, *Le Tiers Livre*, chap. II.

CLÉANTE

Que veux-tu que j'y fasse ? Voilà où les jeunes gens sont réduits par la maudite avarice des pères ; et on s'étonne après cela que les fils souhaitent qu'ils meurent.

LA FLÈCHE

Il faut avouer que le vôtre animerait contre sa vilenie le plus posé homme du monde. Je n'ai pas, Dieu merci, les inclinations fort patibulaires[1] ; et parmi mes confrères que je vois se mêler de beaucoup de petits commerces, je sais tirer adroitement mon épingle du jeu, et me démêler prudemment de toutes les galanteries[2] qui sentent tant soit peu l'échelle ; mais, à vous dire vrai, il me donnerait, par ses procédés, des tentations de le voler ; et je croirais, en le volant, faire une action méritoire.

CLÉANTE

Donne-moi un peu ce mémoire, que je le voie encore.

---

1. Je n'ai pas envie d'être pendu.
2. *Galanterie* est pris ici ironiquement : « *Galant*, [...] homme habile, adroit, dangereux » (Furetière). Certaines galanteries peuvent amener sur l'échelle de la potence.

## SCÈNE II

MAÎTRE SIMON, HARPAGON,
CLÉANTE, LA FLÈCHE

MAÎTRE SIMON

Oui, Monsieur, c'est un jeune homme qui a besoin d'argent. Ses affaires le pressent d'en trouver, et il en passera par tout ce que vous en prescrirez.

HARPAGON

Mais, croyez-vous, maître Simon, qu'il n'y ait rien à péricliter[1] ? et savez-vous le nom, les biens et la famille de celui pour qui vous parlez ?

MAÎTRE SIMON

Non, je ne puis pas bien vous en instruire à fond, et ce n'est que par aventure que l'on m'a adressé à lui ; mais vous serez de toutes choses éclairci par lui-même ; et son homme m'a assuré que vous serez content, quand vous le connaîtrez. Tout ce que je saurais vous dire, c'est que sa famille est fort riche, qu'il n'a plus

---

1. « *Péricliter* : être en danger [...] il n'y a rien qui périclite, il n'y a point de péril en la demeure » (Furetière).

de mère déjà, et qu'il s'obligera[1], si vous voulez, que son père mourra avant qu'il soit huit mois.

### HARPAGON

C'est quelque chose que cela. La charité, maître Simon, nous oblige à faire plaisir aux personnes, lorsque nous le pouvons.

### MAÎTRE SIMON

Cela s'entend.

### LA FLÈCHE

Que veut dire ceci ? Notre maître Simon qui parle à votre père.

### CLÉANTE

Lui aurait-on appris qui je suis ? et serais-tu pour nous trahir ?

### MAÎTRE SIMON

Ah ! ah ! vous êtes bien pressés ! Qui vous a dit que c'était céans ? Ce n'est pas moi, Monsieur, au moins, qui leur ai découvert votre nom et votre logis ; mais, à mon avis, il n'y a pas grand mal à cela. Ce sont des personnes discrètes, et vous pouvez ici vous expliquer ensemble.

---

1. Il prendra l'engagement ; vocabulaire des affaires.

#### HARPAGON

Comment ?

#### MAÎTRE SIMON

Monsieur est la personne qui veut vous emprunter les quinze mille livres dont je vous ai parlé.

#### HARPAGON

Comment, pendard ? c'est toi qui t'abandonnes à ces coupables extrémités ?

#### CLÉANTE

Comment, mon père ? c'est vous qui vous portez à ces honteuses actions [1] ?

#### HARPAGON

C'est toi qui te veux ruiner par des emprunts si condamnables ?

#### CLÉANTE

C'est vous qui cherchez à vous enrichir par des usures si criminelles ?

---

1. Le président de Bercy et son fils, « qui cherchait de l'argent à gros intérêts », se sont ainsi rencontrés chez un notaire (Tallemant des Réaux, *Histoire de Boisrobert*). Boisrobert fit entrer l'aventure dans sa comédie *La Belle Plaideuse* (acte I, sc. VII) dont déjà Molière s'est inspiré pour la scène précédente (voir la Préface, p. 10).

### HARPAGON

Oses-tu bien, après cela, paraître devant moi !

### CLÉANTE

Osez-vous bien, après cela, vous présenter aux yeux du monde ?

### HARPAGON

N'as-tu point de honte, dis-moi, d'en venir à ces débauches-là ? de te précipiter dans des dépenses effroyables ? et de faire une honteuse dissipation du bien que tes parents t'ont amassé avec tant de sueurs ?

### CLÉANTE

Ne rougissez-vous point de déshonorer votre condition par les commerces que vous faites ? de sacrifier gloire et réputation au désir insatiable d'entasser écu sur écu, et de renchérir, en fait d'intérêts, sur les plus infâmes subtilités qu'aient jamais inventées les plus célèbres usuriers ?

### HARPAGON

Ôte-toi de mes yeux, coquin ! ôte-toi de mes yeux !

#### CLÉANTE

Qui est plus criminel, à votre avis, ou celui qui achète un argent dont il a besoin, ou bien celui qui vole un argent dont il n'a que faire ?

#### HARPAGON

Retire-toi, te dis-je, et ne m'échauffe pas les oreilles. Je ne suis pas fâché de cette aventure ; et ce m'est un avis de tenir l'œil, plus que jamais, sur toutes ses actions.

## SCÈNE III

#### FROSINE, HARPAGON

#### FROSINE

Monsieur...

#### HARPAGON

Attendez un moment ; je vais revenir vous parler. Il est à propos que je fasse un petit tour à mon argent.

## SCÈNE IV

LA FLÈCHE, FROSINE

LA FLÈCHE

L'aventure est tout à fait drôle. Il faut bien qu'il ait quelque part un ample magasin de hardes ; car nous n'avons rien reconnu au mémoire que nous avons[1].

FROSINE

Hé ! c'est toi, mon pauvre La Flèche ? D'où vient cette rencontre ?

LA FLÈCHE

Ah ! ah ! c'est toi, Frosine. Que viens-tu faire ici ?

FROSINE

Ce que je fais partout ailleurs : m'entremettre d'affaires, me rendre serviable aux gens, et profiter du mieux qu'il m'est possible des petits talents que je puis avoir. Tu sais que dans ce monde il faut vivre d'adresse, et qu'aux personnes comme moi le Ciel n'a

---

1. Car nous n'avons rien vu, chez Harpagon, de tous les objets consignés sur le contrat.

donné d'autres rentes que l'intrigue et que l'industrie[1].

### LA FLÈCHE

As-tu quelque négoce avec le patron du logis ?

### FROSINE

Oui, je traite pour lui quelque petite affaire, dont j'espère une récompense.

### LA FLÈCHE

De lui ? Ah, ma foi ! tu seras bien fine si tu en tires quelque chose ; et je te donne avis que l'argent céans est fort cher.

### FROSINE

Il y a de certains services qui touchent merveilleusement.

### LA FLÈCHE

Je suis votre valet[2], et tu ne connais pas encore le seigneur Harpagon. Le seigneur Harpagon est de tous les humains l'humain le moins humain, le mortel de tous les mortels le plus dur et le plus serré. Il n'est point de service qui pousse sa reconnaissance jusqu'à lui

---

1. *Industrie* : démarche adroite, habileté.
2. Formule de refus, polie et, à l'occasion, ironique.

faire ouvrir les mains. De la louange, de l'estime, de la bienveillance en paroles et de l'amitié tant qu'il vous plaira ; mais de l'argent, point d'affaires. Il n'est rien de plus sec et de plus aride que ses bonnes grâces et ses caresses ; et *donner* est un mot pour qui il a tant d'aversion, qu'il ne dit jamais : *Je vous donne*, mais : *Je vous prête le bonjour*.

### FROSINE

Mon Dieu ! je sais l'art de traire les hommes, j'ai le secret de m'ouvrir leur tendresse, de chatouiller leurs cœurs, de trouver les endroits par où ils sont sensibles.

### LA FLÈCHE

Bagatelles ici. Je te défie d'attendrir, du côté de l'argent, l'homme dont il est question. Il est turc[1] là-dessus, mais d'une turquerie à désespérer tout le monde ; et l'on pourrait crever, qu'il n'en branlerait pas. En un mot, il aime l'argent, plus que réputation, qu'honneur et que vertu ; et la vue d'un demandeur lui donne des convulsions. C'est le frapper par son endroit mortel, c'est lui percer le cœur, c'est lui arracher les entrailles ; et si... Mais il revient ; je me retire.

---

1. *Turc* : cruel et impitoyable.

## SCÈNE V

#### HARPAGON, FROSINE

#### HARPAGON

Tout va comme il faut. Hé bien ! qu'est-ce, Frosine ?

#### FROSINE

Ah ! mon Dieu ! que vous vous portez bien ! et que vous avez là un vrai visage de santé !

#### HARPAGON

Qui, moi ?

#### FROSINE

Jamais je ne vous vis un teint si frais et si gaillard.

#### HARPAGON

Tout de bon ?

#### FROSINE

Comment ? vous n'avez de votre vie été si jeune que vous êtes ; et je vois des gens de vingt-cinq ans qui sont plus vieux que vous.

#### HARPAGON

Cependant, Frosine, j'en ai soixante bien comptés.

FROSINE

Hé bien ! qu'est-ce que cela, soixante ans ? Voilà bien de quoi ! C'est la fleur de l'âge cela, et vous entrez maintenant dans la belle saison de l'homme[1].

HARPAGON

Il est vrai ; mais vingt années de moins pourtant ne me feraient point de mal, que je crois.

FROSINE

Vous moquez-vous ? Vous n'avez pas besoin de cela, et vous êtes d'une pâte à vivre jusques à cent ans.

HARPAGON

Tu le crois !

FROSINE

Assurément. Vous en avez toutes les marques. Tenez-vous un peu. Oh ! que voilà bien là, entre vos deux yeux, un signe de longue vie !

---

1. Ce dialogue entre un vieillard et un flatteur a sans doute sa source dans une scène analogue de l'Arioste, *I suppositi*, 1509 (acte I, sc. II). Un parasite complimente pareillement un vieux docteur sur sa verdeur, son ardeur.

HARPAGON

Tu te connais à cela ?

FROSINE

Sans doute. Montrez-moi votre main. Ah ! mon Dieu ! quelle ligne de vie !

HARPAGON

Comment ?

FROSINE

Ne voyez-vous pas jusqu'où va cette ligne-là ?

HARPAGON

Hé bien ! qu'est-ce que cela veut dire ?

FROSINE

Par ma foi ! je disais cent ans ; mais vous passerez les six-vingts[1].

HARPAGON

Est-il possible ?

FROSINE

Il faudra vous assommer, vous dis-je ; et vous mettrez en terre et vos enfants, et les enfants de vos enfants.

---

1. *Six-vingts* : six fois vingt, soit cent vingt ans.

HARPAGON

Tant mieux. Comment va notre affaire ?

FROSINE

Faut-il le demander ? et me voit-on mêler de rien dont je ne vienne à bout ? J'ai surtout pour les mariages un talent merveilleux ; il n'est point de parti au monde que je ne trouve en peu de temps le moyen d'accoupler ; et je crois, si je me l'étais mis en tête, que je marierais le Grand Turc avec la République de Venise[1]. Il n'y avait pas sans doute de si grandes difficultés à cette affaire-ci. Comme j'ai commerce chez elles, je les ai à fond l'une et l'autre entretenues de vous, et j'ai dit à la mère le dessein que vous aviez conçu pour Mariane, à la voir passer dans la rue, et prendre l'air à sa fenêtre.

HARPAGON

Qui a fait réponse...

---

1. Venise et les Turcs s'affrontent dans le bassin oriental de la Méditerranée. L'opinion française s'intéresse à cette lutte, d'autant plus qu'un corps expéditionnaire français est allé renforcer les Vénitiens pour défendre Candie. La plaisanterie de Frosine était d'actualité. Mais elle était aussi renouvelée de Rabelais : Perrin Dendin, appointeur de procès, se dit capable de mettre paix ou trêve pour le moins entre le Grand Roi et les Vénitiens, entre l'Empereur et les Suisses, entre le Turc et le Sophi, etc. (*Le Tiers Livre*, chap. XLI).

#### FROSINE

Elle a reçu la proposition avec joie ; et quand je lui ai témoigné que vous souhaitiez fort que sa fille assistât ce soir au contrat de mariage qui se doit faire de la vôtre, elle y a consenti sans peine, et me l'a confiée pour cela.

#### HARPAGON

C'est que je suis obligé, Frosine, de donner à souper au seigneur Anselme ; et je serais bien aise qu'elle soit du régale[1].

#### FROSINE

Vous avez raison. Elle doit après dîner rendre visite à votre fille, d'où elle fait son compte d'aller faire un tour à la foire[2], pour venir ensuite au souper.

#### HARPAGON

Hé bien ! elles iront ensemble dans mon carrosse, que je leur prêterai.

---

1. Furetière et Richelet écrivent *régal*. « *Régal* : fête, réjouissance, appareil de plaisirs pour divertir ou honorer quelqu'un [...]. Un présent de rafraîchissements qu'on donne à des étrangers ou passagers pour leur faire honneur » (Furetière).
2. Les foires Saint-Germain, Saint-Laurent, etc., offraient des attractions diverses : théâtres, ménageries, danseurs de corde.

FROSINE

Voilà justement son affaire.

HARPAGON

Mais, Frosine, as-tu entretenu la mère touchant le bien qu'elle peut donner à sa fille ? Lui as-tu dit qu'il fallait qu'elle s'aidât[1] un peu, qu'elle fît quelque effort, qu'elle se saignât pour une occasion comme celle-ci ? Car encore n'épouse-t-on point une fille, sans qu'elle apporte quelque chose.

FROSINE

Comment ? c'est une fille qui vous apportera douze mille livres de rente.

HARPAGON

Douze mille livres de rente !

FROSINE

Oui. Premièrement, elle est nourrie et élevée dans une grande épargne de bouche ; c'est une fille accoutumée à vivre de salade, de lait, de fromage et de pommes, et à laquelle par conséquent il ne faudra ni table bien servie, ni

1. « On dit qu'il faut qu'un homme *s'aide* pour dire qu'il fasse un effort de lui-même pour profiter du secours qu'on lui veut donner » (Furetière).

consommés exquis, ni orges mondés[1] perpétuels, ni les autres délicatesses qu'il faudrait pour une autre femme ; et cela ne va pas à si peu de chose, qu'il ne monte bien, tous les ans, à trois mille francs pour le moins. Outre cela, elle n'est curieuse que d'une propreté fort simple, et n'aime point les superbes habits, ni les riches bijoux, ni les meubles somptueux, où donnent ses pareilles avec tant de chaleur ; et cet article-là vaut plus de quatre mille livres par an. De plus, elle a une aversion horrible pour le jeu, ce qui n'est pas commun aux femmes d'aujourd'hui ; et j'en sais une de nos quartiers qui a perdu, à trente-et-quarante, vingt mille francs cette année. Mais n'en prenons rien que le quart. Cinq mille francs au jeu par an, et quatre mille francs en habits et bijoux, cela fait neuf mille livres ; et mille écus que nous mettons pour la nourriture, ne voilà-t-il pas par année vos douze mille francs bien comptés ?

#### HARPAGON

Oui, cela n'est pas mal ; mais ce compte-là n'est rien de réel.

---

1. « On appelle *orge mondé* une potion qu'on fait avec de l'orge dont on a fait tomber la peau. Les dames prennent de l'orge mondé pour se conserver le teint frais et s'engraisser » (Furetière).

### FROSINE

Pardonnez-moi. N'est-ce pas quelque chose de réel, que de vous apporter en mariage une grande sobriété, l'héritage d'un grand amour de simplicité de parure, et l'acquisition d'un grand fonds de haine pour le jeu ?

### HARPAGON

C'est une raillerie, que de vouloir me constituer son dot[1] de toutes les dépenses qu'elle ne fera point. Je n'irai pas donner quittance de ce que je ne reçois pas ; et il faut bien que je touche quelque chose.

### FROSINE

Mon Dieu ! vous toucherez assez ; et elles m'ont parlé d'un certain pays où elles ont du bien dont vous serez le maître.

### HARPAGON

Il faudra voir cela. Mais, Frosine, il y a encore une chose qui m'inquiète. La fille est jeune, comme tu vois ; et les jeunes gens d'ordinaire n'aiment que leurs semblables, ne cherchent que leur compagnie. J'ai peur qu'un homme de mon âge ne soit pas de son goût ; et que cela ne vienne

---

1. Au XVIIe siècle, *dot* peut être masculin ou féminin ; le féminin est cependant recommandé par les érudits.

à produire chez moi certains petits désordres qui ne m'accommoderaient pas.

FROSINE

Ah ! que vous la connaissez mal ! C'est encore une particularité que j'avais à vous dire. Elle a une aversion épouvantable pour tous les jeunes gens, et n'a de l'amour que pour les vieillards.

HARPAGON

Elle ?

FROSINE

Oui, elle. Je voudrais que vous l'eussiez entendue parler là-dessus. Elle ne peut souffrir du tout la vue d'un jeune homme ; mais elle n'est point plus ravie, dit-elle, que lorsqu'elle peut voir un beau vieillard avec une barbe majestueuse. Les plus vieux sont pour elle les plus charmants, et je vous avertis de n'aller pas vous faire plus jeune que vous êtes. Elle veut tout au moins qu'on soit sexagénaire ; et il n'y a pas quatre mois encore, qu'étant prête d'être mariée, elle rompit tout net le mariage, sur ce que son amant fit voir qu'il n'avait que cinquante-six ans, et qu'il ne prit point de lunettes[1] pour signer le contrat.

---

1. Au XVIIe siècle, les lunettes sont l'indice certain de l'extrême décrépitude. « Vieillards qui portez lunettes/Reti-

#### HARPAGON

Sur cela seulement ?

#### FROSINE

Oui. Elle dit que ce n'est pas contentement pour elle[1] que cinquante-six ans ; et surtout, elle est pour les nez qui portent des lunettes.

#### HARPAGON

Certes, tu me dis là une chose toute nouvelle.

#### FROSINE

Cela va plus loin qu'on ne vous peut dire. On lui voit dans sa chambre quelques tableaux et quelques estampes ; mais que pensez-vous que ce soit ? Des Adonis ? des Céphales ? des Pâris ? et des Apollons[2] ? Non : de beaux portraits de Saturne, du roi Priam, du vieux Nestor, et du bon père Anchise sur les épaules de son fils[3].

---

rez-vous loin des follettes », dit la *Réformation des mariages* (Fournier, *Variétés historiques*).

1. Qu'elle n'est pas satisfaite par.
2. Les beaux jouvenceaux de la Fable : Adonis, l'amant de Vénus ; Céphale, l'amant de l'Aurore ; Pâris, qui enleva Hélène. Apollon aussi était représenté très beau.
3. Les vieillards de la Fable : Saturne, le père de Jupiter, est toujours représenté très vieux ; Priam, le vénéré roi de Troie ; le sage Nestor, et Anchise, qu'Énée emporta sur ses épaules en fuyant l'incendie de Troie.

#### HARPAGON

Cela est admirable ! Voilà ce que je n'aurais jamais pensé ; et je suis bien aise d'apprendre qu'elle est de cette humeur. En effet, si j'avais été femme, je n'aurais point aimé les jeunes hommes.

#### FROSINE

Je le crois bien. Voilà de belles drogues que des jeunes gens, pour les aimer ! Ce sont de beaux morveux, de beaux godelureaux[1], pour donner envie de leur peau ; et je voudrais bien savoir quel ragoût il y a à eux.

#### HARPAGON

Pour moi, je n'y en comprends point ; et je ne sais pas comment il y a des femmes qui les aiment tant.

#### FROSINE

Il faut être folle fieffée. Trouver la jeunesse aimable ! est-ce avoir le sens commun ? Sont-ce des hommes que de jeunes blondins ? et peut-on s'attacher à ces animaux-là ?

---

1. « *Godelureau* : jeune fanfaron, glorieux, pimpant et coquet, qui se pique de galanterie auprès des femmes, qui est toujours bien propre et bien mis sans avoir d'autre perfection » (Furetière).

### HARPAGON

C'est ce que je dis tous les jours : avec leur ton de poule laitée[1], et leurs trois petits brins de barbe relevés en barbe de chat, leurs perruques d'étoupes, leurs hauts-de-chausses tout tombants, et leurs estomacs débraillés[2].

### FROSINE

Eh ! cela est bien bâti, auprès d'une personne comme vous. Voilà un homme cela. Il y a là de quoi satisfaire à la vue ; et c'est ainsi qu'il faut être fait, et vêtu, pour donner de l'amour.

### HARPAGON

Tu me trouves bien ?

### FROSINE

Comment ? vous êtes à ravir, et votre figure est à peindre. Tournez-vous un peu, s'il vous plaît. Il ne se peut pas mieux. Que je vous voie marcher. Voilà un corps taillé, libre, et dégagé

---

1. « On dit pour se moquer d'un lâche, d'un sot qui se mêle du ménage des femmes, que c'est une *poule laitée* » (Furetière).
2. La négligence avec laquelle la chemise est laissée bouffante sur la poitrine, l'exiguïté du pourpoint donnent cette impression de « débraillé » savamment calculée par les jeunes gens à la mode. Voir la description du costume de Dom Juan par Pierrot (*Dom Juan*, acte II, sc. I).

comme il faut, et qui ne marque aucune incommodité[1].

### HARPAGON

Je n'en ai pas de grandes, Dieu merci. Il n'y a que ma fluxion, qui me prend de temps en temps.

### FROSINE

Cela n'est rien. Votre fluxion[2] ne vous sied point mal, et vous avez grâce à tousser.

### HARPAGON

Dis-moi un peu : Mariane ne m'a-t-elle point encore vu ? N'a-t-elle point pris garde à moi en passant ?

### FROSINE

Non ; mais nous nous sommes fort entretenues de vous. Je lui ai fait un portrait de votre personne ; et je n'ai pas manqué de lui vanter votre mérite, et l'avantage que ce lui serait d'avoir un mari comme vous.

---

1. « L'âge apporte avec soi beaucoup d'*incommodités*, d'infirmités » (Furetière).
2. « *Fluxion* : chute d'humeurs sur quelque partie du corps. Les fluxions du poumon sont dangereuses » (Furetière). La toux d'Harpagon (« vous avez grâce à tousser ») indique une fluxion de poitrine, la maladie même de Molière.

#### HARPAGON

Tu as bien fait, et je t'en remercie.

#### FROSINE

J'aurais, Monsieur, une petite prière à vous faire. (*Il prend un air sévère.*) J'ai un procès que je suis sur le point de perdre, faute d'un peu d'argent ; et vous pourriez facilement me procurer le gain de ce procès, si vous aviez quelque bonté pour moi. (*Il reprend un air gai.*) Vous ne sauriez croire le plaisir qu'elle aura de vous voir. Ah ! que vous lui plairez ! et que votre fraise à l'antique[1] fera sur son esprit un effet admirable ! Mais surtout elle sera charmée de votre haut-de-chausses, attaché au pourpoint avec des aiguillettes[2], c'est pour la rendre folle de vous ; et un amant aiguilleté sera pour elle un ragoût[3] merveilleux.

#### HARPAGON

Certes, tu me ravis de me dire cela.

---

1. La *fraise* indique qu'Harpagon s'habille, en 1670, comme les contemporains d'Henri IV.
2. Voir note 1, p. 54.
3. Un *ragoût*, au sens figuré, désigne ce qui flatte les sens ; une jeune femme est un ragoût qui renouvelle la vigueur d'un vieillard (Furetière).

FROSINE. *Il reprend son visage sévère.*

En vérité, Monsieur, ce procès m'est d'une conséquence tout à fait grande. Je suis ruinée, si je le perds ; et quelque petite assistance me rétablirait mes affaires. (*Il reprend un air gai.*) Je voudrais que vous eussiez vu le ravissement où elle était à m'entendre parler de vous. La joie éclatait dans ses yeux, au récit de vos qualités ; et je l'ai mise enfin dans une impatience extrême de voir ce mariage entièrement conclu.

HARPAGON

Tu m'as fait grand plaisir, Frosine ; et je t'en ai, je te l'avoue, toutes les obligations du monde.

FROSINE. *Il reprend son air sérieux.*

Je vous prie, Monsieur, de me donner le petit secours que je vous demande. Cela me remettra sur pied, et je vous en serai éternellement obligée.

HARPAGON

Adieu. Je vais achever mes dépêches.

FROSINE

Je vous assure, Monsieur, que vous ne sauriez jamais me soulager dans un plus grand besoin.

HARPAGON

Je mettrai ordre que mon carrosse soit tout prêt pour vous mener à la foire.

FROSINE

Je ne vous importunerais pas, si je ne m'y voyais forcée par la nécessité[1].

HARPAGON

Et j'aurai soin qu'on soupe de bonne heure, pour ne vous point faire malades.

FROSINE

Ne me refusez pas la grâce dont je vous sollicite. Vous ne sauriez croire, Monsieur, le plaisir que...

HARPAGON

Je m'en vais. Voilà qu'on m'appelle. Jusqu'à tantôt.

FROSINE

Que la fièvre te serre, chien de vilain à tous les diables ! Le ladre a été ferme à toutes mes attaques ; mais il ne me faut pas pourtant quitter la négociation ; et j'ai l'autre côté[2], en tout cas, d'où je suis assurée de tirer bonne récompense.

1. « *Nécessité* : besoin, disette, pauvreté, misère » (Furetière).
2. Celui de la fiancée et de sa mère.

# ACTE III

## *SCÈNE PREMIÈRE*

HARPAGON, CLÉANTE,
ÉLISE, VALÈRE, DAME CLAUDE,
MAÎTRE JACQUES,
BRINDAVOINE, LA MERLUCHE

HARPAGON

Allons, venez çà tous, que je vous distribue mes ordres pour tantôt et règle à chacun son emploi. Approchez, dame Claude. Commençons par vous. (*Elle tient un balai.*) Bon, vous voilà les armes à la main. Je vous commets au soin de nettoyer partout ; et surtout prenez garde de ne point frotter les meubles trop fort, de peur de les user. Outre cela, je vous constitue, pendant le souper, au gouvernement des bouteilles ; et s'il s'en écarte quelqu'une et qu'il se casse quelque chose, je m'en prendrai à vous, et le rabattrai sur vos gages[1].

MAÎTRE JACQUES

Châtiment politique.

HARPAGON

Allez. Vous, Brindavoine, et vous, La Merluche, je vous établis dans la charge de rincer les verres, et de donner à boire[2], mais seulement lorsque l'on aura soif, et non pas selon la coutume de certains impertinents de laquais, qui viennent provoquer les gens, et les faire aviser de boire lorsqu'on n'y songe pas. Attendez qu'on vous en demande plus d'une fois, et vous ressouvenez de porter toujours beaucoup d'eau.

MAÎTRE JACQUES

Oui, le vin pur monte à la tête.

LA MERLUCHE

Quitterons-nous nos siquenilles[3], Monsieur ?

---

1. Harpagon déduira le prix des bouteilles ou de la vaisselle cassées du salaire du domestique maladroit.
2. Les verres, brocs et bouteilles sont sur un buffet ; la charge des valets est d'apporter le verre plein au convive qui demande à boire.
3. « *Souquenille* [ici *siquenille*] : vêtement de grosse toile qu'on donne aux valets pour conserver leurs habits pro-

#### HARPAGON

Oui, quand vous verrez venir les personnes ; et gardez bien de gâter vos habits.

#### BRINDAVOINE

Vous savez bien, Monsieur, qu'un des devants de mon pourpoint est couvert d'une grande tache de l'huile de la lampe.

#### LA MERLUCHE

Et moi, Monsieur, que j'ai mon haut-de-chausses tout troué par-derrière, et qu'on me voit, révérence parler...

#### HARPAGON

Paix. Rangez cela adroitement du côté de la muraille, et présentez toujours le devant au monde. (*Harpagon met son chapeau au-devant de son pourpoint, pour montrer à Brindavoine comment il doit faire pour cacher la tache d'huile.*) Et vous, tenez toujours votre chapeau ainsi, lorsque vous servirez. Pour vous, ma fille, vous aurez l'œil sur ce que l'on desservira, et prendrez garde qu'il ne s'en fasse aucun dégât. Cela sied bien aux filles. Mais cependant préparez-vous à bien recevoir ma

---

pres » (Furetière). C'est donc quelque chose comme le « treillis » des militaires.

maîtresse[1], qui vous doit venir visiter et vous mener avec elle à la foire. Entendez-vous ce que je vous dis ?

ÉLISE

Oui, mon père.

HARPAGON

Et vous, mon fils le damoiseau, à qui j'ai la bonté de pardonner l'histoire de tantôt, ne vous allez pas aviser non plus de lui faire mauvais visage.

CLÉANTE

Moi, mon père, mauvais visage ? Et par quelle raison ?

HARPAGON

Mon Dieu ! nous savons le train des enfants dont les pères se remarient, et de quel œil ils ont coutume de regarder ce qu'on appelle belle-mère. Mais si vous souhaitez que je perde le souvenir de votre dernière fredaine, je vous recommande surtout de régaler d'un bon visage cette personne-là, et de lui faire enfin tout le meilleur accueil qu'il vous sera possible.

---

1. « *Maîtresse* : on le dit particulièrement d'une fille qu'on recherche en mariage » (Furetière).

CLÉANTE

À vous dire le vrai, mon père, je ne puis pas vous promettre d'être bien aise qu'elle devienne ma belle-mère : je mentirais, si je vous le disais ; mais pour ce qui est de la bien recevoir, et de lui faire bon visage, je vous promets de vous obéir ponctuellement sur ce chapitre.

HARPAGON

Prenez-y garde au moins.

CLÉANTE

Vous verrez que vous n'aurez pas sujet de vous en plaindre.

HARPAGON

Vous ferez sagement. Valère, aide-moi à ceci. Ho çà, maître Jacques, approchez-vous, je vous ai gardé pour le dernier.

MAÎTRE JACQUES

Est-ce à votre cocher, Monsieur, ou bien à votre cuisinier, que vous voulez parler ? car je suis l'un et l'autre.

HARPAGON

C'est à tous les deux.

MAÎTRE JACQUES

Mais à qui des deux le premier ?

HARPAGON

Au cuisinier.

MAÎTRE JACQUES

Attendez donc, s'il vous plaît.

*Il ôte sa casaque de cocher, et paraît vêtu en cuisinier.*

HARPAGON

Quelle diantre de cérémonie est-ce là ?

MAÎTRE JACQUES

Vous n'avez qu'à parler.

HARPAGON

Je me suis engagé, maître Jacques, à donner ce soir à souper.

MAÎTRE JACQUES

Grande merveille !

HARPAGON

Dis-moi un peu, nous feras-tu bonne chère ?

MAÎTRE JACQUES

Oui, si vous me donnez bien de l'argent.

HARPAGON

Que diable, toujours de l'argent ! Il semble qu'ils n'aient autre chose à dire : « De l'argent, de l'argent, de l'argent. » Ah ! ils n'ont que ce mot à la bouche : « De l'argent. » Toujours parler d'argent. Voilà leur épée de chevet[1], de l'argent.

VALÈRE

Je n'ai jamais vu de réponse plus impertinente que celle-là. Voilà une belle merveille que de faire bonne chère avec bien de l'argent : c'est une chose la plus aisée du monde, et il n'y a si pauvre esprit qui n'en fît bien autant ; mais pour agir en habile homme, il faut parler de faire bonne chère avec peu d'argent.

MAÎTRE JACQUES

Bonne chère avec peu d'argent !

VALÈRE

Oui.

---

1. On garde l'*épée de chevet* à portée de la main. Au sens figuré ici, selon Furetière : « Cet homme a toujours son *Iliade* à la main ; c'est son épée de chevet. »

MAÎTRE JACQUES

Par ma foi, Monsieur l'intendant, vous nous obligerez de nous faire voir ce secret, et de prendre mon office de cuisinier : aussi bien vous mêlez-vous céans d'être le factoton[1].

HARPAGON

Taisez-vous. Qu'est-ce qu'il nous faudra ?

MAÎTRE JACQUES

Voilà Monsieur votre intendant, qui vous fera bonne chère pour peu d'argent.

HARPAGON

Haye ! je veux que tu me répondes.

MAÎTRE JACQUES

Combien serez-vous de gens à table ?

HARPAGON

Nous serons huit ou dix ; mais il ne faut prendre que huit ; quand il y a à manger pour huit, il y en a bien pour dix.

VALÈRE

Cela s'entend.

---

1. *Factoton* : serviteur à tout faire. Au XVIIe siècle, on prononce le latin à la française.

MAÎTRE JACQUES

Hé bien ! il faudra quatre grands potages, et cinq assiettes[1]. Potages... Entrées...[2].

HARPAGON

Que diable ! voilà pour traiter toute une ville entière.

MAÎTRE JACQUES

Rôt...

HARPAGON[3], *en lui mettant la main sur la bouche*

Ah ! traître, tu manges tout mon bien.

---

1. Les « assiettes » contiendront des ragoûts.
2. « On appelle *entrées de table* quelques mets qui se servent d'abord avec les potages » (Furetière).
3. Variante de l'édition de 1682. « MAÎTRE JACQUES : Hé bien ! il faudra quatre grands potages, bien garnis, et cinq assiettes d'entrées. Potages : bisque, potage de perdrix aux choux verts, potage de santé, potage de canards aux navets. Entrées : fricassée de poulets, tourte de pigeonneaux, ris de veau, boudin blanc, et morilles. / HARPAGON : Que diable ! voilà pour traiter toute une ville entière. / MAÎTRE JACQUES : Rôt [rôti] dans un grandissime bassin, en pyramide : une grande longe de veau de rivière, trois faisans, trois poulardes grasses, douze pigeons de volière, douze poulets de grain, six lapereaux de garenne, douze perdreaux, deux douzaines de cailles, trois douzaines d'ortolans... »

MAÎTRE JACQUES

Entremets...

HARPAGON

Encore ?

VALÈRE

Est-ce que vous avez envie de faire crever tout le monde ? et Monsieur a-t-il invité des gens pour les assassiner à force de mangeaille ? Allez-vous-en lire un peu les préceptes de la santé, et demander aux médecins s'il y a rien de plus préjudiciable à l'homme que de manger avec excès.

HARPAGON

Il a raison.

VALÈRE

Apprenez, maître Jacques, vous et vos pareils, que c'est un coupe-gorge qu'une table remplie de trop de viandes ; que pour se bien montrer ami de ceux que l'on invite, il faut que la frugalité règne dans les repas qu'on donne ; et que, suivant le dire d'un ancien, *il faut manger pour vivre, et non pas vivre pour manger*[1].

---

1. La formule est de Cicéron. On la cite plaisamment dans les collèges.

#### HARPAGON

Ah ! que cela est bien dit ! Approche, que je t'embrasse pour ce mot. Voilà la plus belle sentence que j'aie entendue de ma vie. *Il faut vivre pour manger, et non pas manger pour vi...* Non, ce n'est pas cela. Comment est-ce que tu dis ?

#### VALÈRE

*Qu'il faut manger pour vivre, et non pas vivre pour manger.*

#### HARPAGON

Oui. Entends-tu ? Qui est le grand homme qui a dit cela ?

#### VALÈRE

Je ne me souviens pas maintenant de son nom.

#### HARPAGON

Souviens-toi de m'écrire ces mots : je les veux faire graver en lettres d'or sur la cheminée de ma salle.

#### VALÈRE

Je n'y manquerai pas. Et pour votre souper, vous n'avez qu'à me laisser faire : je réglerai tout cela comme il faut.

### HARPAGON

Fais donc.

### MAÎTRE JACQUES

Tant mieux : j'en aurai moins de peine.

### HARPAGON

Il faudra de ces choses dont on ne mange guère, et qui rassasient d'abord : quelque bon haricot[1] bien gras, avec quelque pâté en pot[2] bien garni de marrons.

### VALÈRE

Reposez-vous sur moi.

### HARPAGON

Maintenant, maître Jacques, il faut nettoyer mon carrosse.

### MAÎTRE JACQUES

Attendez. Ceci s'adresse au cocher. (*Il remet sa casaque.*) Vous dites...

---

1. « *Haricot* : un hachis fait en gros morceaux de mouton ou de veau, bouillis avec des marrons, des navets, etc. » (Furetière).
2. « *Pâté en pot* ou *hochepot* est un ragoût bourgeois fait de bœuf dans un pot qui lui tient lieu de croûte » (Furetière).

#### HARPAGON

Qu'il faut nettoyer mon carrosse, et tenir mes chevaux tous prêts pour conduire à la foire...

#### MAÎTRE JACQUES

Vos chevaux, Monsieur ? Ma foi, ils ne sont point du tout en état de marcher. Je ne vous dirai point qu'ils sont sur la litière, les pauvres bêtes n'en ont point, et ce serait fort mal parler ; mais vous leur faites observer des jeûnes si austères, que ce ne sont plus rien que des idées ou des fantômes, des façons de chevaux.

#### HARPAGON

Les voilà bien malades : ils ne font rien.

#### MAÎTRE JACQUES

Et pour ne faire rien, Monsieur, est-ce qu'il ne faut rien manger ? Il leur vaudrait bien mieux, les pauvres animaux, de travailler beaucoup, de manger de même. Cela me fend le cœur, de les voir ainsi exténués ; car enfin j'ai une tendresse pour mes chevaux, qu'il me semble que c'est moi-même quand je les vois pâtir ; je m'ôte tous les jours pour eux les choses de la bouche ; et c'est être, Monsieur, d'un naturel trop dur, que de n'avoir nulle pitié de son prochain.

### HARPAGON

Le travail ne sera pas grand, d'aller jusqu'à la foire.

### MAÎTRE JACQUES

Non, Monsieur, je n'ai pas le courage de les mener, et je ferais conscience de leur donner des coups de fouet, en l'état où ils sont. Comment voudriez-vous qu'ils traînassent un carrosse, qu'ils ne peuvent pas se traîner eux-mêmes ?

### VALÈRE

Monsieur, j'obligerai le voisin le Picard à se charger de les conduire ; aussi bien nous fera-t-il ici besoin pour apprêter le souper.

### MAÎTRE JACQUES

Soit, j'aime mieux encore qu'ils meurent sous la main d'un autre que sous la mienne.

### VALÈRE

Maître Jacques fait bien le raisonnable.

### MAÎTRE JACQUES

Monsieur l'intendant fait bien le nécessaire.

### HARPAGON

Paix !

### MAÎTRE JACQUES

Monsieur, je ne saurais souffrir les flatteurs ; et je vois que ce qu'il en fait, que ses contrôles perpétuels sur le pain et le vin, le bois, le sel, et la chandelle, ne sont rien que pour vous gratter[1] et vous faire sa cour. J'enrage de cela, et je suis fâché tous les jours d'entendre ce qu'on dit de vous ; car enfin je me sens pour vous de la tendresse, en dépit que j'en aie[2] ; et après mes chevaux, vous êtes la personne que j'aime le plus.

### HARPAGON

Pourrais-je savoir de vous, maître Jacques, ce que l'on dit de moi ?

### MAÎTRE JACQUES

Oui, Monsieur, si j'étais assuré que cela ne vous fâchât point.

### HARPAGON

Non, en aucune façon.

### MAÎTRE JACQUES

Pardonnez-moi, je sais fort bien que je vous mettrais en colère.

---

1. « On dit qu'on *gratte* quelqu'un où il lui démange quand on flatte sa passion dominante » (Furetière).
2. Bien que j'aie des griefs contre vous.

### HARPAGON

Point du tout, au contraire, c'est me faire plaisir, et je suis bien aise d'apprendre comme on parle de moi.

### MAÎTRE JACQUES

Monsieur, puisque vous le voulez, je vous dirai franchement qu'on se moque partout de vous ; qu'on nous jette de tous côtés cent brocards à votre sujet ; et que l'on n'est point plus ravi que de vous tenir au cul et aux chausses[1], et de faire sans cesse des contes de votre lésine. L'un dit que vous faites imprimer des almanachs particuliers, où vous faites doubler les quatre-temps et les vigiles[2], afin de profiter des jeûnes où vous obligez votre monde. L'autre, que vous avez toujours une querelle toute prête à faire à vos valets dans le temps des étrennes, ou de leur sortie d'avec vous, pour vous trouver une raison de ne leur donner rien. Celui-là conte qu'une fois vous fîtes assigner le chat[3]

---

1. Empoigner quelqu'un. « On dit des sergents qui mènent quelqu'un prisonnier qu'ils le tiennent au cul et aux chausses » (Furetière).
2. *Quatre-temps* : période de trois jours de jeûne prescrits par l'Église catholique la première semaine de chaque saison. *Vigile* : jour qui précède et prépare une grande fête religieuse.
3. Ce trait vient de Plaute.

d'un de vos voisins, pour vous avoir mangé un reste d'un gigot de mouton. Celui-ci, que l'on vous surprit une nuit, en venant dérober vous-même l'avoine de vos chevaux ; et que votre cocher, qui était celui d'avant moi, vous donna dans l'obscurité je ne sais combien de coups de bâton, dont vous ne voulûtes rien dire[1]. Enfin voulez-vous que je vous dise ? On ne saurait aller nulle part où l'on ne vous entende accommoder de toutes pièces ; vous êtes la fable et la risée de tout le monde ; et jamais on ne parle de vous, que sous les noms d'avare, de ladre, de vilain et de fesse-mathieu.

### HARPAGON, *en le battant*

Vous êtes un sot, un maraud, un coquin, et un impudent.

### MAÎTRE JACQUES

Hé bien ! ne l'avais-je pas deviné ? Vous ne m'avez pas voulu croire : je vous l'avais bien dit que je vous fâcherais de vous dire la vérité.

### HARPAGON

Apprenez à parler.

---

1. L'anecdote vient des *Sérées* de Bouchet, recueil de propos de table (1584).

## SCÈNE II

MAÎTRE JACQUES, VALÈRE

VALÈRE

À ce que je puis voir, maître Jacques, on paye mal votre franchise.

MAÎTRE JACQUES

Morbleu ! Monsieur le nouveau venu, qui faites l'homme d'importance, ce n'est pas votre affaire. Riez de vos coups de bâton quand on vous en donnera, et ne venez point rire des miens.

VALÈRE

Ah ! Monsieur maître Jacques, ne vous fâchez pas, je vous prie.

MAÎTRE JACQUES

Il file doux. Je veux faire le brave et s'il est assez sot pour me craindre, le frotter quelque peu. Savez-vous bien, Monsieur le rieur, que je ne ris pas, moi ? et que si vous m'échauffez la tête, je vous ferai rire d'une autre sorte ?

*Maître Jacques pousse Valère jusques au
bout du théâtre, en le menaçant.*

#### VALÈRE

Eh ! doucement.

#### MAÎTRE JACQUES

Comment, doucement ? Il ne me plaît pas, moi.

#### VALÈRE

De grâce.

#### MAÎTRE JACQUES

5 Vous êtes un impertinent.

#### VALÈRE

Monsieur maître Jacques...

#### MAÎTRE JACQUES

Il n'y a point de Monsieur maître Jacques pour un double[1]. Si je prends un bâton, je vous rosserai d'importance.

#### VALÈRE

10 Comment, un bâton ?

---

1. Le *double* est une petite pièce de cuivre qui vaut deux deniers.

*Valère le fait reculer autant qu'il l'a fait.*

MAÎTRE JACQUES

Eh ! je ne parle pas de cela.

VALÈRE

Savez-vous bien, Monsieur le fat, que je suis homme à vous rosser vous-même ?

MAÎTRE JACQUES

Je n'en doute pas.

VALÈRE

Que vous n'êtes, pour tout potage, qu'un faquin de cuisinier ?

MAÎTRE JACQUES

Je le sais bien.

VALÈRE

Et que vous ne me connaissez pas encore.

MAÎTRE JACQUES

Pardonnez-moi.

VALÈRE

Vous me rosserez, dites-vous ?

#### MAÎTRE JACQUES

Je le disais en raillant.

#### VALÈRE

Et moi, je ne prends point de goût à votre raillerie. (*Il lui donne des coups de bâton.*) Apprenez que vous êtes un mauvais railleur.

#### MAÎTRE JACQUES

Peste soit la sincérité ! c'est un mauvais métier. Désormais, j'y renonce, et je ne veux plus dire vrai. Passe encore pour mon maître ; il a quelque droit de me battre ; mais pour ce Monsieur l'intendant, je m'en vengerai si je puis.

## *SCÈNE III*

FROSINE, MARIANE, MAÎTRE JACQUES

#### FROSINE

Savez-vous, maître Jacques, si votre maître est au logis ?

#### MAÎTRE JACQUES

Oui vraiment il y est, je ne le sais que trop.

FROSINE

Dites-lui, je vous prie, que nous sommes ici.

## SCÈNE IV

MARIANE, FROSINE

MARIANE

Ah ! que je suis, Frosine, dans un étrange état ! et s'il faut dire ce que je sens, que j'appréhende cette vue !

FROSINE

Mais pourquoi, et quelle est votre inquiétude ?

MARIANE

Hélas ! me le demandez-vous ? et ne vous figurez-vous point les alarmes d'une personne toute prête à voir le supplice où l'on veut l'attacher ?

FROSINE

Je vois bien que, pour mourir agréablement, Harpagon n'est pas le supplice que vous voudriez embrasser ; et je connais à votre mine que le jeune blondin dont vous m'avez parlé vous revient un peu dans l'esprit.

MARIANE

Oui, c'est une chose, Frosine, dont je ne veux pas me défendre ; et les visites respectueuses qu'il a rendues chez nous ont fait, je vous l'avoue, quelque effet dans mon âme.

FROSINE

Mais avez-vous su quel il est ?

MARIANE

Non, je ne sais point quel il est ; mais je sais qu'il est fait d'un air à se faire aimer ; que si l'on pouvait mettre les choses à mon choix, je le prendrais plutôt qu'un autre ; et qu'il ne contribue pas peu à me faire trouver un tourment effroyable dans l'époux qu'on veut me donner.

FROSINE

Mon Dieu ! tous ces blondins sont agréables, et débitent fort bien leur fait ; mais la plupart sont gueux comme des rats ; et il vaut mieux pour vous de prendre un vieux mari qui vous donne beaucoup de bien. Je vous avoue que les sens ne trouvent pas si bien leur compte du côté que je dis, et qu'il y a quelques petits dégoûts à essuyer avec un tel époux ; mais cela n'est pas pour durer, et sa mort, croyez-moi, vous mettra bientôt en état d'en prendre un plus aimable, qui réparera toutes choses.

MARIANE

Mon Dieu ! Frosine, c'est une étrange affaire, lorsque, pour être heureuse, il faut souhaiter ou attendre le trépas de quelqu'un, et la mort ne suit pas tous les projets que nous faisons.

FROSINE

Vous moquez-vous ? Vous ne l'épousez qu'aux conditions de vous laisser veuve bientôt ; et ce doit être là un des articles du contrat. Il serait bien impertinent de ne pas mourir dans trois mois. Le voici en propre personne.

MARIANE

Ah ! Frosine, quelle figure !

## SCÈNE V

### HARPAGON, FROSINE, MARIANE

#### HARPAGON

Ne vous offensez pas, ma belle, si je viens à vous avec des lunettes. Je sais que vos appas frappent assez les yeux, sont assez visibles d'eux-mêmes, et qu'il n'est pas besoin de lunettes pour les apercevoir ; mais enfin c'est avec des lunettes qu'on observe les astres ; et je maintiens et garantis que vous êtes un astre, mais un astre le plus bel astre qui soit dans le pays des astres. Frosine, elle ne répond mot, et ne témoigne, ce me semble, aucune joie de me voir.

#### FROSINE

C'est qu'elle est encore toute surprise ; et puis les filles ont toujours honte à témoigner d'abord ce qu'elles ont dans l'âme.

#### HARPAGON

Tu as raison. Voilà, belle mignonne, ma fille qui vient vous saluer.

## SCÈNE VI

ÉLISE, HARPAGON, MARIANE, FROSINE

#### MARIANE

Je m'acquitte bien tard, Madame, d'une telle visite.

#### ÉLISE

Vous avez fait, Madame, ce que je devais faire, et c'était à moi de vous prévenir[1].

#### HARPAGON

Vous voyez qu'elle est grande ; mais mauvaise herbe croît toujours.

#### MARIANE, *bas à Frosine*

Oh ! l'homme déplaisant !

#### HARPAGON

Que dit la belle ?

#### FROSINE

Qu'elle vous trouve admirable.

#### HARPAGON

C'est trop d'honneur que vous me faites, adorable mignonne.

1. De vous devancer.

MARIANE, *à part*

Quel animal !

HARPAGON

Je vous suis trop obligé de ces sentiments.

MARIANE, *à part*

Je n'y puis plus tenir.

HARPAGON

Voici mon fils aussi qui vous vient faire la révérence.

MARIANE, *à part, à Frosine*

Ah ! Frosine, quelle rencontre ! C'est justement celui dont je t'ai parlé.

FROSINE, *à Mariane*

L'aventure est merveilleuse.

HARPAGON

Je vois que vous vous étonnez de me voir de si grands enfants, mais je serai bientôt défait et de l'un et de l'autre.

## *SCÈNE VII*

CLÉANTE, HARPAGON, ÉLISE, MARIANE, FROSINE

CLÉANTE

Madame, à vous dire le vrai, c'est ici une aventure où sans doute je ne m'attendais pas ; et mon père ne m'a pas peu surpris lorsqu'il m'a dit tantôt le dessein qu'il avait formé.

MARIANE

Je puis dire la même chose. C'est une rencontre imprévue qui m'a surprise autant que vous ; et je n'étais point préparée à une pareille aventure.

CLÉANTE

Il est vrai que mon père, Madame, ne peut pas faire un plus beau choix, et que ce m'est une sensible joie que l'honneur de vous voir ; mais avec tout cela, je ne vous assurerai point que je me réjouis du dessein où vous pourriez être de devenir ma belle-mère. Le compliment, je vous l'avoue, est trop difficile pour moi ; et c'est un titre, s'il vous plaît, que je ne vous souhaite point. Ce discours paraîtra brutal aux yeux de quelques-uns ; mais je suis assuré que vous serez personne à le prendre comme il faudra ; que c'est un mariage, Madame, où vous vous imaginez bien que je dois avoir de la répugnance ; que vous n'ignorez pas sachant ce que je suis, comme il choque mes intérêts ; et que vous voulez bien enfin que je vous dise, avec la permission de mon père, que si les choses dépendaient de moi, cet hymen ne se ferait point.

HARPAGON

Voilà un compliment bien impertinent : quelle belle confession à lui faire !

MARIANE

Et moi, pour vous répondre, j'ai à vous dire que les choses sont fort égales ; et que si vous auriez de la répugnance à me voir votre belle-mère, je n'en aurais pas moins sans doute à vous voir mon beau-fils. Ne croyez pas, je vous prie, que ce soit moi qui cherche à vous donner cette inquiétude. Je serais fort fâchée de vous causer du déplaisir ; et si je ne m'y vois forcée par une puissance absolue, je vous donne ma parole que je ne consentirai point au mariage qui vous chagrine.

HARPAGON

Elle a raison ; à sot compliment il faut une réponse de même. Je vous demande pardon, ma belle, de l'impertinence de mon fils. C'est un jeune sot, qui ne sait pas encore la conséquence des paroles qu'il dit.

### MARIANE

Je vous promets que ce qu'il m'a dit ne m'a point du tout offensée ; au contraire, il m'a fait plaisir de m'expliquer ainsi ses véritables sentiments. J'aime de lui un aveu de la sorte ; et, s'il avait parlé d'autre façon, je l'en estimerais bien moins.

### HARPAGON

C'est beaucoup de bonté à vous de vouloir ainsi excuser ses fautes. Le temps le rendra plus sage, et vous verrez qu'il changera de sentiments.

### CLÉANTE

Non, mon père, je ne suis point capable d'en changer, et je prie instamment Madame de le croire.

### HARPAGON

Mais voyez quelle extravagance ! il continue encore plus fort.

### CLÉANTE

Voulez-vous que je trahisse mon cœur ?

#### HARPAGON

Encore ? Avez-vous envie de changer de discours ?

#### CLÉANTE

Hé bien ! puisque vous voulez que je parle d'autre façon, souffrez, Madame, que je me mette ici à la place de mon père, et que je vous avoue que je n'ai rien vu dans le monde de si charmant que vous ; que je ne conçois rien d'égal au bonheur de vous plaire, et que le titre de votre époux est une gloire, une félicité que je préférerais aux destinées des plus grands princes de la terre. Oui, Madame, le bonheur de vous posséder est à mes regards la plus belle de toutes les fortunes ; c'est où j'attache toute mon ambition ; il n'y a rien que je ne sois capable de faire pour une conquête si précieuse, et les obstacles les plus puissants...

#### HARPAGON

Doucement, mon fils, s'il vous plaît.

#### CLÉANTE

C'est un compliment que je fais pour vous à Madame.

#### HARPAGON

Mon Dieu ! J'ai une langue pour m'expliquer moi-même, et je n'ai pas besoin d'un procureur comme vous. Allons, donnez des sièges.

#### FROSINE

Non ; il vaut mieux que de ce pas nous allions à la foire, afin d'en revenir plus tôt, et d'avoir tout le temps ensuite de vous entretenir.

#### HARPAGON

Qu'on mette donc les chevaux au carrosse. Je vous prie de m'excuser, ma belle, si je n'ai pas songé à vous donner un peu de collation avant que de partir.

#### CLÉANTE

J'y ai pourvu, mon père, et j'ai fait apporter ici quelques bassins d'oranges de la Chine, de citrons doux[1] et de confitures, que j'ai envoyé querir de votre part.

---

1. Oranges et citrons sont des fruits de luxe. Les oranges de Chine, qui ne viennent pas de Chine, sont des oranges douces. Quant aux confitures, le mot désigne aussi fruits confits et pâtes de fruits. L'ensemble constitue la collation de mise dans une bonne société où l'on veut faire convenablement les choses.

HARPAGON, *bas à Valère*

Valère !

VALÈRE, *à Harpagon*

Il a perdu le sens.

CLÉANTE

Est-ce que vous trouvez, mon père, que ce ne soit pas assez ? Madame aura la bonté d'excuser cela, s'il lui plaît.

MARIANE

C'est une chose qui n'était pas nécessaire.

CLÉANTE

Avez-vous jamais vu, Madame, un diamant plus vif que celui que vous voyez que mon père a au doigt ?

MARIANE

Il est vrai qu'il brille beaucoup.

CLÉANTE. *Il l'ôte du doigt de son père et le donne à Mariane.*

Il faut que vous le voyiez de près.

MARIANE

Il est fort beau sans doute, et jette quantité de feux.

CLÉANTE. *Il se met au-devant de Mariane, qui le veut rendre.*

Nenni, Madame : il est en de trop belles mains. C'est un présent que mon père vous a fait.

HARPAGON

Moi ?

CLÉANTE

N'est-il pas vrai, mon père, que vous voulez que Madame le garde pour l'amour de vous ?

HARPAGON, *à part, à son fils*

Comment ?

CLÉANTE

Belle demande ! Il me fait signe de vous le faire accepter.

MARIANE

Je ne veux point...

CLÉANTE

Vous moquez-vous ? Il n'a garde de le reprendre.

HARPAGON, *à part*

J'enrage !

MARIANE

Ce serait...

CLÉANTE, *en empêchant toujours Mariane de rendre la bague*

Non, vous dis-je, c'est l'offenser.

MARIANE

De grâce...

CLÉANTE

Point du tout.

HARPAGON, *à part*

5   Peste soit...

CLÉANTE

Le voilà qui se scandalise de votre refus.

HARPAGON, *bas, à son fils*

Ah ! traître !

CLÉANTE

Vous voyez qu'il se désespère.

HARPAGON, *bas, à son fils, en le menaçant*

Bourreau que tu es !

CLÉANTE

Mon père, ce n'est pas ma faute. Je fais ce que je puis pour l'obliger à la garder ; mais elle est obstinée.

HARPAGON, *bas, à son fils, avec emportement*

Pendard !

CLÉANTE

Vous êtes cause, Madame, que mon père me querelle.

HARPAGON, *bas, à son fils, avec les mêmes grimaces*

Le coquin !

CLÉANTE

Vous le ferez tomber malade. De grâce, Madame, ne résistez point davantage.

FROSINE

Mon Dieu ! que de façons ! Gardez la bague, puisque Monsieur le veut.

MARIANE

Pour ne vous point mettre en colère, je la garde maintenant ; et je prendrai un autre temps pour vous la rendre.

## SCÈNE VIII

HARPAGON, MARIANE, FROSINE, CLÉANTE,
BRINDAVOINE, ÉLISE

BRINDAVOINE

Monsieur, il y a là un homme qui veut vous parler.

HARPAGON

Dis-lui que je suis empêché, et qu'il revienne une autre fois.

BRINDAVOINE

Il dit qu'il vous apporte de l'argent[1].

HARPAGON

Je vous demande pardon. Je reviens tout à l'heure.

---

1. « Si l'on m'apporte de l'argent, que l'on me vienne querir vite [...] ; et si l'on vient m'en demander, qu'on dise que je suis sorti [...] » (Sganarelle, *Mariage forcé*, sc. I).

## SCÈNE IX
HARPAGON, MARIANE, CLÉANTE, ÉLISE,
FROSINE, LA MERLUCHE

LA MERLUCHE. *Il vient en courant,
et fait tomber Harpagon.*

Monsieur...

HARPAGON

Ah ! je suis mort.

CLÉANTE

Qu'est-ce, mon père ? vous êtes-vous fait mal ?

HARPAGON

Le traître assurément a reçu de l'argent de mes débiteurs, pour me faire rompre le cou.

VALÈRE

Cela ne sera rien.

LA MERLUCHE

Monsieur, je vous demande pardon, je croyais bien faire d'accourir vite.

HARPAGON

Que viens-tu faire ici, bourreau ?

### LA MERLUCHE

Vous dire que vos deux chevaux sont déferrés.

### HARPAGON

Qu'on les mène promptement chez le maréchal.

### CLÉANTE

En attendant qu'ils soient ferrés, je vais faire pour vous, mon père, les honneurs de votre logis, et conduire Madame dans le jardin, où je ferai porter la collation.

### HARPAGON

Valère, aie un peu l'œil à tout cela ; et prends soin, je te prie, de m'en sauver le plus que tu pourras, pour le renvoyer au marchand.

### VALÈRE

C'est assez.

### HARPAGON

Ô fils impertinent, as-tu envie de me ruiner ?

# ACTE IV

## SCÈNE PREMIÈRE

CLÉANTE, MARIANE, ÉLISE, FROSINE

### CLÉANTE

Rentrons ici, nous serons beaucoup mieux. Il n'y a plus autour de nous personne de suspect, et nous pouvons parler librement.

### ÉLISE

Oui, Madame, mon frère m'a fait confidence de la passion qu'il a pour vous. je sais les chagrins et les déplaisirs que sont capables de causer de pareilles traverses[1] ; et c'est, je vous assure, avec une tendresse extrême que je m'intéresse à votre aventure.

---

1. *Traverses* : obstacles.

#### MARIANE

C'est une douce consolation que de voir dans ses intérêts une personne comme vous ; et je vous conjure, Madame, de me garder toujours cette généreuse amitié, si capable de m'adoucir les cruautés de la fortune.

#### FROSINE

Vous êtes, par ma foi, de malheureuses gens l'un et l'autre, de ne m'avoir point, avant tout ceci, avertie de votre affaire. Je vous aurais sans doute détourné[1] cette inquiétude, et n'aurais point amené les choses où l'on voit qu'elles sont.

#### CLÉANTE

Que veux-tu ? C'est ma mauvaise destinée qui l'a voulu ainsi. Mais, belle Mariane, quelles résolutions sont les vôtres ?

#### MARIANE

Hélas ! suis-je en pouvoir de faire des résolutions ? Et dans la dépendance où je me vois, puis-je former que des souhaits ?

#### CLÉANTE

Point d'autre appui pour moi dans votre

---

1. J'aurais éloigné de vous...

cœur que de simples souhaits ? point de pitié officieuse[1] ? point de secourable bonté ? point d'affection agissante ?

#### MARIANE

Que saurais-je vous dire ? Mettez-vous en ma place, et voyez ce que je puis faire. Avisez, ordonnez vous-même : je m'en remets à vous, et je vous crois trop raisonnable pour vouloir exiger de moi que ce qui peut m'être permis par l'honneur et la bienséance.

#### CLÉANTE

Hélas ! où me réduisez-vous, que de me renvoyer à ce que voudront me permettre les fâcheux sentiments d'un rigoureux honneur et d'une scrupuleuse bienséance.

#### MARIANE

Mais que voulez-vous que je fasse ? Quand je pourrais passer sur quantité d'égards où notre sexe est obligé, j'ai de la considération pour ma mère. Elle m'a toujours élevée avec une tendresse extrême, et je ne saurais me résoudre à lui donner du déplaisir. Faites, agissez auprès d'elle, employez tous vos soins à gagner son esprit ; vous pouvez faire et dire tout ce que vous voudrez, je vous en donne la

---

1. Une pitié disposée à rendre de bons offices, à agir.

licence, et s'il ne tient qu'à me déclarer en votre faveur, je veux bien consentir à lui faire un aveu moi-même de tout ce que je sens pour vous.

#### CLÉANTE

Frosine, ma pauvre Frosine, voudrais-tu nous servir ?

#### FROSINE

Par ma foi ! faut-il demander ? je le voudrais de tout mon cœur. Vous savez que de mon naturel je suis assez humaine ; le Ciel ne m'a point fait l'âme de bronze, et je n'ai que trop de tendresse à rendre de petits services, quand je vois des gens qui s'entr'aiment en tout bien et en tout honneur. Que pourrions-nous faire à ceci ?

#### CLÉANTE

Songe un peu, je te prie.

#### MARIANE

Ouvre-nous des lumières.

#### ÉLISE

Trouve quelque invention pour rompre ce que tu as fait.

#### FROSINE

Ceci est assez difficile. Pour votre mère, elle n'est pas tout à fait déraisonnable, et peut-être pourrait-on la gagner, et la résoudre à transporter au fils le don qu'elle veut faire au père. Mais le mal que j'y trouve, c'est que votre père est votre père.

#### CLÉANTE

Cela s'entend.

#### FROSINE

Je veux dire qu'il conservera du dépit, si l'on montre qu'on le refuse ; et qu'il ne sera point d'humeur ensuite à donner son consentement à votre mariage. Il faudrait, pour bien faire, que le refus vînt de lui-même, et tâcher par quelque moyen de le dégoûter de votre personne.

#### CLÉANTE

Tu as raison.

#### FROSINE

Oui, j'ai raison, je le sais bien. C'est là ce qu'il faudrait ; mais le diantre est d'en pouvoir trouver les moyens. Attendez : si nous avions quelque femme un peu sur l'âge, qui fût de mon talent, et jouât assez bien pour contrefaire une dame de qualité, par le moyen d'un train fait à la hâte, et d'un bizarre nom de marquise, ou de vicomtesse, que nous supposerions de la basse Bretagne, j'aurais assez d'adresse pour faire accroire à votre père que ce serait une personne riche, outre ses maisons, de cent mille écus en argent comptant ; qu'elle serait éperdument amoureuse de lui, et souhaiterait de se voir sa femme, jusqu'à lui donner tout son bien par contrat de mariage ; et je ne doute point qu'il ne prêtât l'oreille à la proposition ; car enfin il vous aime fort, je le sais ; mais il aime un peu plus l'argent ; et quand, ébloui de ce leurre, il aurait une fois consenti à ce qui vous touche, il importerait peu ensuite qu'il se désabusât, en venant à vouloir voir clair aux effets[1] de notre marquise.

CLÉANTE

Tout cela est fort bien pensé.

---

1. *Effets* : biens. Cette invention de l'intrigante Frosine paraît être l'annonce de quelque épisode futur, ou du dénouement. En fait elle tournera court. S'agissait-il de montrer la femme d'intrigue en pleine inspiration créatrice ? Peut-être. C'est aussi un souvenir de *La Belle Plaideuse* de Boisrobert. On y rit comme Molière le fait (« un bizarre nom de marquise ou de vicomtesse ») de la sonorité des noms bretons : « Lantriquet entre Kertronquedic et Kerlovidaquet », qui « sentent le grimoire » (acte II, sc. III).

#### FROSINE

Laissez-moi faire. Je viens de me ressouvenir d'une de mes amies, qui sera notre fait.

#### CLÉANTE

Sois assurée, Frosine, de ma reconnaissance, si tu viens à bout de la chose. Mais, charmante Mariane, commençons, je vous prie, par gagner votre mère ; c'est toujours beaucoup faire que de rompre ce mariage. Faites-y de votre part, je vous en conjure, tous les efforts qu'il vous sera possible ; servez-vous de tout le pouvoir que vous donne sur elle cette amitié qu'elle a pour vous ; déployez sans réserve les grâces éloquentes, les charmes tout-puissants que le Ciel a placés dans vos yeux et dans votre bouche ; et n'oubliez rien, s'il vous plaît, de ces tendres paroles, de ces douces prières, et de ces caresses touchantes à qui je suis persuadé qu'on ne saurait rien refuser.

#### MARIANE

J'y ferai tout ce que je puis, et n'oublierai aucune chose.

## SCÈNE II

HARPAGON, CLÉANTE, MARIANE, ÉLISE, FROSINE

#### HARPAGON

Ouais ! mon fils baise la main de sa prétendue belle-mère, et sa prétendue belle-mère ne s'en défend pas fort. Y aurait-il quelque mystère là-dessous ?

#### ÉLISE

Voilà mon père.

#### HARPAGON

Le carrosse est tout prêt. Vous pouvez partir quand il vous plaira.

#### CLÉANTE

Puisque vous n'y allez pas, mon père, je m'en vais les conduire.

#### HARPAGON

Non, demeurez. Elles iront bien toutes seules ; et j'ai besoin de vous.

## SCÈNE III

HARPAGON, CLÉANTE

HARPAGON

Ô çà, intérêt de belle-mère à part, que te semble à toi de cette personne ?

CLÉANTE

Ce qui m'en semble ?

HARPAGON

Oui, de son air, de sa taille, de sa beauté, de son esprit ?

CLÉANTE

La, la.

HARPAGON

Mais encore ?

CLÉANTE

À vous en parler franchement, je ne l'ai pas trouvée ici ce que je l'avais crue. Son air est de franche coquette ; sa taille est assez gauche, sa beauté très médiocre, et son esprit des plus communs. Ne croyez pas que ce soit, mon père, pour vous en dégoûter ; car belle-mère pour belle-mère, j'aime autant celle-là qu'une autre.

#### HARPAGON

Tu lui disais tantôt pourtant...

#### CLÉANTE

Je lui ai dit quelques douceurs en votre nom, mais c'était pour vous plaire.

#### HARPAGON

Si bien donc que tu n'aurais pas d'inclination pour elle ?

#### CLÉANTE

Moi ? point du tout.

#### HARPAGON

J'en suis fâché, car cela rompt une pensée qui m'était venue dans l'esprit. J'ai fait, en la voyant ici, réflexion sur mon âge ; et j'ai songé qu'on pourra trouver à redire de me voir marier à une si jeune personne. Cette considération m'en faisait quitter le dessein ; et comme je l'ai fait demander, et que je suis pour elle engagé de parole, je te l'aurais donnée, sans l'aversion que tu témoignes.

#### CLÉANTE

À moi ?

#### HARPAGON

À toi.

#### CLÉANTE

En mariage ?

#### HARPAGON

En mariage.

#### CLÉANTE

Écoutez : il est vrai qu'elle n'est pas fort à mon goût ; mais pour vous faire plaisir, mon père, je me résoudrai à l'épouser, si vous voulez.

#### HARPAGON

Moi ? Je suis plus raisonnable que tu ne penses : je ne veux point forcer ton inclination.

#### CLÉANTE

Pardonnez-moi, je me ferai cet effort pour l'amour de vous.

#### HARPAGON

Non, non ; un mariage ne saurait être heureux où l'inclination n'est pas.

CLÉANTE

C'est une chose, mon père, qui peut-être viendra ensuite ; et l'on dit que l'amour est souvent un fruit du mariage.

HARPAGON

Non : du côté de l'homme, on ne doit point risquer l'affaire, et ce sont des suites fâcheuses, où je n'ai garde de me commettre. Si tu avais senti quelque inclination pour elle, à la bonne heure : je te l'aurais fait épouser, au lieu de moi ; mais cela n'étant pas, je suivrai mon premier dessein, et je l'épouserai moi-même.

CLÉANTE

Hé bien ! mon père, puisque les choses sont ainsi, il faut vous découvrir mon cœur, il faut vous révéler notre secret. La vérité est que je l'aime, depuis un jour que je la vis dans une promenade ; que mon dessein était tantôt de vous la demander pour femme ; et que rien ne m'a retenu que la déclaration de vos sentiments, et la crainte de vous déplaire.

HARPAGON

Lui avez-vous[1] rendu visite ?

---

1. On notera qu'Harpagon, méfiant, devient sévère et dit *vous* à son fils et non plus *tu*.

CLÉANTE

Oui, mon père.

HARPAGON

Beaucoup de fois ?

CLÉANTE

Assez, pour le temps qu'il y a.

HARPAGON

Vous a-t-on bien reçu ?

CLÉANTE

Fort bien, mais sans savoir qui j'étais ; et c'est ce qui a fait tantôt la surprise de Mariane.

HARPAGON

Lui avez-vous déclaré votre passion, et le dessein où vous étiez de l'épouser ?

CLÉANTE

Sans doute ; et même j'en avais fait à sa mère quelque peu d'ouverture.

HARPAGON

A-t-elle écouté, pour sa fille, votre proposition ?

#### CLÉANTE

Oui, fort civilement.

#### HARPAGON

Et la fille correspond-elle fort à votre amour ?

#### CLÉANTE

Si j'en dois croire les apparences, je me persuade, mon père, qu'elle a quelque bonté pour moi.

#### HARPAGON

Je suis bien aise d'avoir appris un tel secret ; et voilà justement ce que je demandais. Oh sus ! mon fils, savez-vous ce qu'il y a ? c'est qu'il faut songer, s'il vous plaît, à vous défaire de votre amour ; à cesser toutes vos poursuites auprès d'une personne que je prétends pour moi ; et à vous marier dans peu avec celle qu'on vous destine.

#### CLÉANTE

Oui, mon père, c'est ainsi que vous me jouez ! Hé bien ! puisque les choses en sont venues là, je vous déclare, moi, que je ne quitterai point la passion que j'ai pour Mariane, qu'il n'y a point d'extrémité où je ne m'abandonne pour vous disputer sa conquête, et que si vous avez pour vous le consentement d'une mère, j'aurai d'autres secours peut-être qui combattront pour moi.

### HARPAGON

Comment, pendard ? tu as l'audace d'aller sur mes brisées ?

### CLÉANTE

C'est vous qui allez sur les miennes ; et je suis le premier en date.

### HARPAGON

Ne suis-je pas ton père ? et ne me dois-tu pas respect !

### CLÉANTE

Ce ne sont point ici des choses où les enfants soient obligés de déférer aux pères ; et l'amour ne connaît personne.

### HARPAGON

Je te ferai bien me connaître, avec de bons coups de bâton.

### CLÉANTE

Toutes vos menaces ne feront rien.

### HARPAGON

Tu renonceras à Mariane.

CLÉANTE

Point du tout.

HARPAGON

Donnez-moi un bâton tout à l'heure.

## SCÈNE IV

MAÎTRE JACQUES, HARPAGON, CLÉANTE

MAÎTRE JACQUES

Eh, eh, eh, Messieurs, qu'est-ce ci ? à quoi songez-vous ?

CLÉANTE

5   Je me moque de cela.

MAÎTRE JACQUES

Ah ! Monsieur, doucement.

HARPAGON

Me parler avec cette impudence !

MAÎTRE JACQUES

Ah ! Monsieur, de grâce.

CLÉANTE

Je n'en démordrai point.

MAÎTRE JACQUES

Hé quoi ? à votre père ?

HARPAGON

Laisse-moi faire.

MAÎTRE JACQUES

Hé quoi ? à votre fils ? Encore passe pour moi.

HARPAGON

Je te veux faire toi-même, maître Jacques, juge de cette affaire, pour montrer comme j'ai raison.

MAÎTRE JACQUES

J'y consens. Éloignez-vous un peu.

HARPAGON

J'aime une fille, que je veux épouser ; et le pendard a l'insolence de l'aimer avec moi, et d'y prétendre malgré mes ordres.

MAÎTRE JACQUES

Ah ! il a tort.

#### HARPAGON

N'est-ce pas une chose épouvantable qu'un fils qui veut entrer en concurrence avec son père ? et ne doit-il pas, par respect, s'abstenir de toucher à mes inclinations ?

#### MAÎTRE JACQUES

Vous avez raison. Laissez-moi lui parler, et demeurez là.

*Il vient trouver Cléante à l'autre bout du théâtre.*

#### CLÉANTE

Hé bien ! oui, puisqu'il veut te choisir pour juge, je n'y recule point ; il ne m'importe qui ce soit ; et je veux bien aussi me rapporter à toi, maître Jacques, de notre différend.

#### MAÎTRE JACQUES

C'est beaucoup d'honneur que vous me faites.

#### CLÉANTE

Je suis épris d'une jeune personne qui répond à mes vœux, et reçoit tendrement les offres de ma foi ; et mon père s'avise de venir troubler notre amour par la demande qu'il en fait faire.

MAÎTRE JACQUES

Il a tort assurément.

CLÉANTE

N'a-t-il point de honte, à son âge, de songer à se marier ? lui sied-il bien d'être encore amoureux ? et ne devrait-il pas laisser cette occupation aux jeunes gens ?

MAÎTRE JACQUES

Vous avez raison, il se moque. Laissez-moi lui dire deux mots. (*Il revient à Harpagon.*) Hé bien ! votre fils n'est pas si étrange que vous le dites, et il se met à la raison. Il dit qu'il sait le respect qu'il vous doit, qu'il ne s'est emporté que dans la première chaleur, et qu'il ne fera point refus de se soumettre à ce qu'il vous plaira, pourvu que vous vouliez le traiter mieux que vous ne faites, et lui donner quelque personne en mariage dont il ait lieu d'être content.

HARPAGON

Ah ! dis-lui, maître Jacques, que moyennant cela, il pourra espérer toutes choses de moi ; et que, hors Mariane, je lui laisse la liberté de choisir celle qu'il voudra.

MAÎTRE JACQUES. *Il va au fils.*

Laissez-moi faire. Hé bien ! votre père n'est pas si déraisonnable que vous le faites ; et il m'a témoigné que ce sont vos emportements qui l'ont mis en colère ; qu'il n'en veut seulement qu'à votre manière d'agir, et qu'il sera fort disposé à vous accorder ce que vous souhaitez, pourvu que vous vouliez vous y prendre par la douceur, et lui rendre les déférences, les respects, et les soumissions qu'un fils doit à son père.

CLÉANTE

Ah ! maître Jacques, tu lui peux assurer que, s'il m'accorde Mariane, il me verra toujours le plus soumis de tous les hommes ; et que jamais je ne ferai aucune chose que par ses volontés.

MAÎTRE JACQUES

Cela est fait. Il consent à ce que vous dites.

HARPAGON

Voilà qui va le mieux du monde.

MAÎTRE JACQUES

Tout est conclu. Il est content de vos promesses.

CLÉANTE

Le Ciel en soit loué !

MAÎTRE JACQUES

Messieurs, vous n'avez qu'à parler ensemble : vous voilà d'accord maintenant ; et vous alliez vous quereller, faute de vous entendre.

CLÉANTE

Mon pauvre maître Jacques, je te serai obligé toute ma vie.

MAÎTRE JACQUES

Il n'y a pas de quoi, Monsieur.

HARPAGON

Tu m'as fait plaisir, maître Jacques, et cela mérite une récompense. Va, je m'en souviendrai, je t'assure.

*Il tire son mouchoir de sa poche, ce qui fait croire à Maître Jacques qu'il va lui donner quelque chose.*

MAÎTRE JACQUES

Je vous baise les mains [1].

1. « On dit proverbialement : *Je vous baise les mains*, pour dire : je me recommande à vous ou je vous remercie » (Furetière). Maître Jacques, qui s'attendait à une gratification, met dans la formule une ironie amère.

## SCÈNE V

CLÉANTE, HARPAGON

CLÉANTE

Je vous demande pardon, mon père, de l'emportement que j'ai fait paraître.

HARPAGON

Cela n'est rien.

CLÉANTE

Je vous assure que j'en ai tous les regrets du monde.

HARPAGON

Et moi, j'ai toutes les joies du monde de te voir raisonnable.

CLÉANTE

Quelle bonté à vous d'oublier si vite ma faute !

HARPAGON

On oublie aisément les fautes des enfants, lorsqu'ils rentrent dans leur devoir.

#### CLÉANTE

Quoi ? ne garder aucun ressentiment de toutes mes extravagances ?

#### HARPAGON

C'est une chose où tu m'obliges par la soumission et le respect où tu te ranges.

#### CLÉANTE

Je vous promets, mon père, que, jusques au tombeau, je conserverai dans mon cœur le souvenir de vos bontés.

#### HARPAGON

Et moi, je te promets qu'il n'y aura aucune chose que de moi tu n'obtiennes.

#### CLÉANTE

Ah ! mon père, je ne vous demande plus rien ; et c'est m'avoir assez donné que de me donner Mariane.

#### HARPAGON

Comment ?

#### CLÉANTE

Je dis, mon père, que je suis trop content de vous, et que je trouve toutes choses dans la bonté que vous avez de m'accorder Mariane.

#### HARPAGON

Qui est-ce qui parle de t'accorder Mariane ?

#### CLÉANTE

Vous, mon père.

#### HARPAGON

Moi !

#### CLÉANTE

Sans doute.

#### HARPAGON

Comment ? C'est toi qui as promis d'y renoncer.

#### CLÉANTE

Moi, y renoncer ?

#### HARPAGON

Oui.

#### CLÉANTE

Point du tout.

#### HARPAGON

Tu ne t'es pas départi d'y prétendre ?

#### CLÉANTE
Au contraire, j'y suis porté plus que jamais.

#### HARPAGON
Quoi ? pendard, derechef ?

#### CLÉANTE
Rien ne me peut changer.

#### HARPAGON
Laisse-moi faire, traître.

#### CLÉANTE
Faites tout ce qu'il vous plaira.

#### HARPAGON
Je te défends de me jamais voir.

#### CLÉANTE
À la bonne heure.

#### HARPAGON
Je t'abandonne.

#### CLÉANTE
Abandonnez.

#### HARPAGON
Je te renonce pour mon fils.

### CLÉANTE
Soit.

### HARPAGON
Je te déshérite.

### CLÉANTE
Tout ce que vous voudrez.

### HARPAGON
Et je te donne ma malédiction.

### CLÉANTE
Je n'ai que faire de vos dons.

## SCÈNE VI

#### LA FLÈCHE, CLÉANTE

#### LA FLÈCHE, *sortant du jardin, avec une cassette*

Ah ! Monsieur, que je vous trouve à propos ! suivez-moi vite.

#### CLÉANTE
Qu'y a-t-il ?

LA FLÈCHE

Suivez-moi, vous dis-je : nous sommes bien.

CLÉANTE

Comment ?

LA FLÈCHE

Voici votre affaire.

CLÉANTE

Quoi ?

LA FLÈCHE

J'ai guigné[1] ceci tout le jour.

CLÉANTE

Qu'est-ce que c'est ?

LA FLÈCHE

Le trésor de votre père, que j'ai attrapé.

CLÉANTE

Comment as-tu fait ?

LA FLÈCHE

Vous saurez tout. Sauvons-nous, je l'entends crier.

---

1. *Guigner* : regarder avec convoitise.

## SCÈNE VII

HARPAGON. *Il crie au voleur dès le jardin, et vient sans chapeau*[1].

Au voleur ! au voleur ! à l'assassin ! au meurtrier ! Justice, juste Ciel ! je suis perdu, je suis assassiné, on m'a coupé la gorge, on m'a dérobé mon argent. Qui peut-ce être ? Qu'est-il devenu ? Où est-il ? Où se cache-t-il ? Que ferai-je pour le trouver ? Où courir ? Où ne pas courir ? N'est-il point là ? N'est-il point ici ? Qui est-ce ? Arrête. Rends-moi mon argent,

---

1. Dans ce monologue, Molière rivalise avec Plaute (*L'Aululaire*, acte IV, sc. IX) : « Je suis perdu, je suis assassiné, je suis mort ! où dois-je courir ? où dois-je ne point courir ? Tenez, tenez celui qui m'a volé. Mais qui est-il ? Je ne sais, je ne vois rien, je marche comme un aveugle, et certes je ne saurais dire où je vais, ni où je suis, ni qui je suis. Je vous prie tous tant que vous êtes de me secourir, et de me montrer celui qui me l'a dérobée. Je vous en supplie, je vous en conjure. Ils se cachent sous des habits modestes, sous la blancheur de la craie et se tiennent assis comme des personnes sérieuses. Pour toi, que dis-tu ? Se peut-on fier à toi ? Car il me semble à voir ton visage que tu es homme de bien. Qu'y a-t-il ? Pourquoi riez-vous ? Je connais tout le monde. Je sais qu'il y a ici beaucoup de voleurs. Quoi, n'y a-t-il personne de tous ceux-là qui l'ait prise ? Tu me fais mourir ! Dis donc qui l'a prise ? Ne le sais-tu point ? Ha, je suis ruiné : je suis le plus malheureux de tous les hommes ; je suis au désespoir, et je ne sais où je vais, ni comme je suis fait ; tant cette journée m'apporte de tristesse, de deuil et de maux » (trad. Marolles).

coquin... *(Il se prend lui-même le bras.)* Ah ! c'est moi. Mon esprit est troublé, et j'ignore où je suis, qui je suis, et ce que je fais. Hélas ! mon pauvre argent, mon pauvre argent, mon cher ami ! on m'a privé de toi ; et puisque tu m'es enlevé, j'ai perdu mon support, ma consolation, ma joie ; tout est fini pour moi, et je n'ai plus que faire au monde : sans toi, il m'est impossible de vivre. C'en est fait, je n'en puis plus ; je me meurs, je suis mort, je suis enterré. N'y a-t-il personne qui veuille me ressusciter, en me rendant mon cher argent, ou en m'apprenant qui l'a pris ? Euh ? que dites-vous ? Ce n'est personne. Il faut, qui que ce soit qui ait fait le coup, qu'avec beaucoup de soin on ait épié l'heure ; et l'on a choisi justement le temps que je parlais à mon traître de fils. Sortons. Je veux aller querir la justice, et faire donner la question à toute la maison : à servantes, à valets, à fils, à fille, et à moi aussi. Que de gens assemblés ! Je ne jette mes regards sur personne qui ne me donne des soupçons, et tout me semble mon voleur. Eh ! de quoi est-ce qu'on parle là ? De celui qui m'a dérobé ? Quel bruit fait-on là-haut ? Est-ce mon voleur qui y est ? De grâce, si l'on sait des nouvelles de mon voleur, je supplie que l'on m'en dise. N'est-il point caché là parmi vous ? Ils me regardent tous, et se mettent à rire. Vous verrez qu'ils ont part sans doute au vol que l'on m'a fait. Allons vite, des commissaires, des archers, des prévôts, des juges, des gênes[1], des potences et des bourreaux. Je veux faire pendre tout le monde ; et si je ne retrouve mon argent, je me pendrai moi-même après.

---

1. *Gêne* : torture.

# ACTE V

## *SCÈNE PREMIÈRE*

HARPAGON, LE COMMISSAIRE [1], SON CLERC

### LE COMMISSAIRE

Laissez-moi faire, je sais mon métier, Dieu merci. Ce n'est pas d'aujourd'hui que je me mêle de découvrir des vols ; et je voudrais avoir autant de sacs de mille francs que j'ai fait pendre de personnes.

### HARPAGON

Tous les magistrats sont intéressés à prendre cette affaire en main ; et si l'on ne me fait

---

1. « *Commissaire* : un officier royal et subalterne [...] Il y a à Paris plusieurs commissaires du Châtelet, qui font les informations [...] visites de police et captures » (Furetière). Ces « officiers » achètent leur charge, et sont rémunérés par qui fait appel à eux (voir acte V, sc. VI).

retrouver mon argent, je demanderai justice de la justice.

LE COMMISSAIRE

Il faut faire toutes les poursuites requises. Vous dites qu'il y avait dans cette cassette... ?

HARPAGON

Dix mille écus bien comptés.

LE COMMISSAIRE

Dix mille écus !

HARPAGON

Dix mille écus.

LE COMMISSAIRE

Le vol est considérable.

HARPAGON

Il n'y a point de supplice assez grand pour l'énormité de ce crime ; et s'il demeure impuni, les choses les plus sacrées ne sont plus en sûreté.

LE COMMISSAIRE

En quelles espèces était cette somme ?

HARPAGON

En bons louis d'or et pistoles bien trébuchantes[1].

LE COMMISSAIRE

Qui soupçonnez-vous de ce vol ?

HARPAGON

Tout le monde ; et je veux que vous arrêtiez prisonniers la ville et les faubourgs.

LE COMMISSAIRE

Il faut, si vous m'en croyez, n'effaroucher personne, et tâcher doucement d'attraper quelques preuves, afin de procéder après par la rigueur au recouvrement des deniers qui vous ont été pris.

---

1. Une pièce *bien trébuchante* est celle qui fait pencher convenablement la petite balance avec laquelle on la pèse, le trébuchet, pour s'assurer qu'elle n'a pas été rognée.

## SCÈNE II

MAÎTRE JACQUES, HARPAGON,
LE COMMISSAIRE, SON CLERC

MAÎTRE JACQUES, *au bout du théâtre,
en se retournant du côté dont il sort*

Je m'en vais revenir. Qu'on me l'égorge tout à l'heure ; qu'on me lui fasse griller les pieds, qu'on me le mette dans l'eau bouillante, et qu'on me le pende au plancher.

HARPAGON

Qui ? celui qui m'a dérobé ?

MAÎTRE JACQUES

Je parle d'un cochon de lait que votre intendant me vient d'envoyer, et je veux vous l'accommoder à ma fantaisie.

HARPAGON

Il n'est pas question de cela ; et voilà Monsieur, à qui il faut parler d'autre chose.

LE COMMISSAIRE

Ne vous épouvantez point. Je suis homme à ne vous point scandaliser[1], et les choses iront dans la douceur.

---

1. Compromettre en donnant de la publicité à la faute.

MAÎTRE JACQUES

Monsieur est de votre souper ?

LE COMMISSAIRE

Il faut ici, mon cher ami, ne rien cacher à votre maître.

MAÎTRE JACQUES

Ma foi ! Monsieur, je montrerai tout ce que je sais faire, et je vous traiterai du mieux qu'il me sera possible.

HARPAGON

Ce n'est pas là l'affaire.

MAÎTRE JACQUES

Si je ne vous fais pas aussi bonne chère que je voudrais, c'est la faute de Monsieur notre intendant, qui m'a rogné les ailes avec les ciseaux de son économie.

HARPAGON

Traître, il s'agit d'autre chose que de souper ; et je veux que tu me dises des nouvelles de l'argent qu'on m'a pris.

MAÎTRE JACQUES

On vous a pris de l'argent ?

#### HARPAGON

Oui, coquin ; et je m'en vais te pendre, si tu ne me le rends.

#### LE COMMISSAIRE

Mon Dieu ! ne le maltraitez point. Je vois à sa mine qu'il est honnête homme, et que sans se faire mettre en prison, il vous découvrira ce que vous voulez savoir. Oui, mon ami, si vous nous confessez la chose, il ne vous sera fait aucun mal, et vous serez récompensé comme il faut par votre maître. On lui a pris aujourd'hui son argent, et il n'est pas que vous ne sachiez quelques nouvelles de cette affaire.

#### MAÎTRE JACQUES, *à part*

Voici justement ce qu'il me faut pour me venger de notre intendant : depuis qu'il est entré céans, il est le favori, on n'écoute que ses conseils, et j'ai aussi sur le cœur les coups de bâton de tantôt.

#### HARPAGON

Qu'as-tu à ruminer ?

#### LE COMMISSAIRE

Laissez-le faire : il se prépare à vous contenter, et je vous ai bien dit qu'il était honnête homme.

MAÎTRE JACQUES

Monsieur, si vous voulez que je vous dise les choses, je crois que c'est Monsieur votre cher intendant qui a fait le coup.

HARPAGON

Valère ?

MAÎTRE JACQUES

Oui.

HARPAGON

Lui, qui me paraît si fidèle ?

MAÎTRE JACQUES

Lui-même. Je crois que c'est lui qui vous a dérobé.

HARPAGON

Et sur quoi le crois-tu ?

MAÎTRE JACQUES

Sur quoi ?

HARPAGON

Oui.

MAÎTRE JACQUES

Je le crois... sur ce que je le crois.

LE COMMISSAIRE

Mais il est nécessaire de dire les indices que vous avez.

HARPAGON

L'as-tu vu rôder autour du lieu où j'avais mis mon argent ?

MAÎTRE JACQUES

Oui, vraiment. Où était-il votre argent ?

HARPAGON

Dans le jardin.

MAÎTRE JACQUES

Justement : je l'ai vu rôder dans le jardin. Et dans quoi est-ce que cet argent était ?

HARPAGON

Dans une cassette.

MAÎTRE JACQUES

Voilà l'affaire : je lui ai vu une cassette.

HARPAGON

Et cette cassette, comment est-elle faite ? Je verrai bien si c'est la mienne.

MAÎTRE JACQUES

Comment elle est faite ?

HARPAGON

Oui.

MAÎTRE JACQUES

Elle est faite... elle est faite comme une cassette.

LE COMMISSAIRE

Cela s'entend. Mais dépeignez-la un peu, pour voir.

MAÎTRE JACQUES

C'est une grande cassette.

HARPAGON

Celle qu'on m'a volée est petite.

MAÎTRE JACQUES

Eh ! oui, elle est petite, si on le veut prendre par là ; mais je l'appelle grande pour ce qu'elle contient.

LE COMMISSAIRE

Et de quelle couleur est-elle ?

MAÎTRE JACQUES

De quelle couleur ?

LE COMMISSAIRE

Oui.

MAÎTRE JACQUES

Elle est de couleur... là, d'une certaine couleur... Ne sauriez-vous m'aider à dire ?

HARPAGON

Euh ?

MAÎTRE JACQUES

N'est-elle pas rouge ?

HARPAGON

Non, grise.

MAÎTRE JACQUES

Eh ! oui, gris-rouge : c'est ce que je voulais dire.

HARPAGON

Il n'y a point de doute : c'est elle assurément. Écrivez, Monsieur, écrivez sa déposition. Ciel ! à qui désormais se fier ? Il ne faut plus jurer de rien ; et je crois après cela que je suis homme à me voler moi-même.

MAÎTRE JACQUES

Monsieur, le voici qui revient. Ne lui allez pas dire au moins que c'est moi qui vous ai découvert cela.

## SCÈNE III

VALÈRE, HARPAGON, LE COMMISSAIRE,
SON CLERC, MAÎTRE JACQUES

HARPAGON

Approche : viens confesser l'action la plus noire, l'attentat le plus horrible qui jamais ait été commis.

VALÈRE

Que voulez-vous, Monsieur ?

HARPAGON

Comment, traître, tu ne rougis pas de ton crime[1] ?

VALÈRE

De quel crime voulez-vous donc parler ?

---

1. L'idée du quiproquo entre l'avare et l'amant, l'un parlant de la cassette et l'autre de la fille, vient de Plaute.

#### HARPAGON

De quel crime je veux parler, infâme ! comme si tu ne savais pas ce que je veux dire. C'est en vain que tu prétendrais de le déguiser : l'affaire est découverte, et l'on vient de m'apprendre tout. Comment abuser ainsi de ma bonté, et s'introduire exprès chez moi pour me trahir ? pour me jouer un tour de cette nature ?

#### VALÈRE

Monsieur, puisqu'on vous a découvert tout, je ne veux point chercher de détours et vous nier la chose.

#### MAÎTRE JACQUES

Oh ! oh ! aurais-je deviné sans y penser ?

#### VALÈRE

C'était mon dessein de vous en parler, et je voulais attendre pour cela des conjonctures favorables ; mais puisqu'il est ainsi, je vous conjure de ne vous point fâcher, et de vouloir entendre mes raisons.

#### HARPAGON

Et quelles belles raisons peux-tu me donner, voleur infâme ?

#### VALÈRE

Ah ! Monsieur, je n'ai pas mérité ces noms. Il est vrai que j'ai commis une offense envers vous ; mais, après tout, ma faute est pardonnable.

#### HARPAGON

Comment, pardonnable ? Un guet-apens ? un assassinat de la sorte ?

#### VALÈRE

De grâce, ne vous mettez point en colère. Quand vous m'aurez ouï, vous verrez que le mal n'est pas si grand que vous le faites.

#### HARPAGON

Le mal n'est pas si grand que je le fais. Quoi ? mon sang, mes entrailles, pendard ?

#### VALÈRE

Votre sang, Monsieur, n'est pas tombé dans de mauvaises mains. Je suis d'une condition à ne lui point faire de tort, et il n'y a rien en tout ceci que je ne puisse bien réparer.

#### HARPAGON

C'est bien mon intention, et que tu me restitues ce que tu m'as ravi.

#### VALÈRE

Votre honneur, Monsieur, sera pleinement satisfait.

#### HARPAGON

Il n'est pas question d'honneur là-dedans. Mais, dis-moi, qui t'a porté à cette action ?

#### VALÈRE

Hélas ! me le demandez-vous ?

#### HARPAGON

Oui, vraiment, je te le demande.

#### VALÈRE

Un dieu qui porte les excuses de tout ce qu'il fait faire : l'Amour.

#### HARPAGON

L'Amour ?

#### VALÈRE

Oui.

#### HARPAGON

Bel amour, bel amour, ma foi ! l'amour de mes louis d'or.

#### VALÈRE

Non, Monsieur, ce ne sont point vos richesses qui m'ont tenté ; ce n'est pas cela qui m'a ébloui, et je proteste de ne prétendre rien à tous vos biens, pourvu que vous me laissiez celui que j'ai.

#### HARPAGON

Non ferai[1], de par tous les diables ! je ne te le laisserai pas. Mais voyez quelle insolence de vouloir retenir le vol qu'il m'a fait !

#### VALÈRE

Appelez-vous cela un vol ?

#### HARPAGON

Si je l'appelle un vol ? Un trésor comme celui-là !

#### VALÈRE

C'est un trésor, il est vrai, et le plus précieux que vous ayez sans doute ; mais ce ne sera pas le perdre que de me le laisser. Je vous le demande à genoux, ce trésor plein de charmes ; et pour bien faire, il faut que vous me l'accordiez.

---

1. Je n'en ferai rien.

#### HARPAGON

Je n'en ferai rien. Qu'est-ce à dire cela ?

#### VALÈRE

Nous nous sommes promis une foi mutuelle, et avons fait serment de ne nous point abandonner.

#### HARPAGON

Le serment est admirable, et la promesse plaisante !

#### VALÈRE

Oui, nous nous sommes engagés d'être l'un à l'autre à jamais.

#### HARPAGON

Je vous en empêcherai bien, je vous assure.

#### VALÈRE

Rien que la mort ne nous peut séparer.

#### HARPAGON

C'est être bien endiablé après mon argent.

#### VALÈRE

Je vous ai déjà dit, Monsieur, que ce n'était point l'intérêt qui m'avait poussé à faire ce que j'ai fait. Mon cœur n'a point agi par les ressorts que vous pensez, et un motif plus noble m'a inspiré cette résolution.

### HARPAGON

Vous verrez que c'est par charité chrétienne qu'il veut avoir mon bien ; mais j'y donnerai bon ordre ; et la justice, pendard effronté, me va faire raison de tout.

### VALÈRE

Vous en userez comme vous voudrez, et me voilà prêt à souffrir toutes les violences qu'il vous plaira ; mais je vous prie de croire, au moins, que, s'il y a du mal, ce n'est que moi qu'il en faut accuser, et que votre fille en tout ceci n'est aucunement coupable.

### HARPAGON

Je le crois bien, vraiment ; il serait fort étrange que ma fille eût trempé dans ce crime. Mais je veux ravoir mon affaire, et que tu me confesses en quel endroit tu me l'as enlevée.

### VALÈRE

Moi ? je ne l'ai point enlevée, et elle est encore chez vous.

### HARPAGON

Ô ma chère cassette ! Elle n'est point sortie de ma maison ?

VALÈRE

Non, Monsieur.

HARPAGON

Hé ! dis-moi donc un peu : tu n'y as point touché ?

VALÈRE

Moi, y toucher ? Ah ! vous lui faites tort, aussi bien qu'à moi ; et c'est d'une ardeur toute pure et respectueuse que j'ai brûlé pour elle.

HARPAGON

Brûlé pour ma cassette !

VALÈRE

J'aimerais mieux mourir que de lui avoir fait paraître aucune pensée offensante : elle est trop sage et trop honnête pour cela.

HARPAGON

Ma cassette trop honnête !

VALÈRE

Tous mes désirs se sont bornés à jouir de sa vue ; et rien de criminel n'a profané la passion que ses beaux yeux m'ont inspirée.

HARPAGON

Les beaux yeux de ma cassette ! Il parle d'elle comme un amant d'une maîtresse.

VALÈRE

Dame Claude, Monsieur, sait la vérité de cette aventure, et elle vous peut rendre témoignage...

HARPAGON

Quoi ? ma servante est complice de l'affaire ?

VALÈRE

Oui, Monsieur, elle a été témoin de notre engagement ; et c'est après avoir connu l'honnêteté de ma flamme, qu'elle m'a aidé à persuader votre fille de me donner sa foi, et recevoir la mienne.

HARPAGON

Eh ? Est-ce que la peur de la justice le fait extravaguer ? Que nous brouilles-tu ici de ma fille ?

VALÈRE

Je dis, Monsieur, que j'ai eu toutes les peines du monde à faire consentir sa pudeur à ce que voulait mon amour.

HARPAGON

La pudeur de qui ?

VALÈRE

De votre fille ; et c'est seulement depuis hier qu'elle a pu se résoudre à nous signer mutuellement une promesse de mariage.

HARPAGON

Ma fille t'a signé une promesse de mariage !

VALÈRE

Oui, Monsieur, comme de ma part je lui en ai signé une.

HARPAGON

Ô Ciel ! autre disgrâce !

MAÎTRE JACQUES

Écrivez, Monsieur, écrivez.

HARPAGON

Rengrégement de mal[1] ! surcroît de désespoir ! Allons, Monsieur, faites le dû de votre charge, et dressez-lui-moi son procès, comme larron, et comme suborneur.

---

1. « Augmentation de mal ou de douleur » (Furetière).

VALÈRE

Ce sont des noms qui ne me sont point dus ; et quand on saura qui je suis...

## SCÈNE IV

ÉLISE, MARIANE, FROSINE, HARPAGON,
VALÈRE, MAÎTRE JACQUES,
LE COMMISSAIRE, SON CLERC

HARPAGON

Ah ! fille scélérate ! fille indigne d'un père comme moi ! c'est ainsi que tu pratiques les leçons que je t'ai données ? Tu te laisses prendre d'amour pour un voleur infâme, et tu lui engages ta foi sans mon consentement ? Mais vous serez trompés l'un et l'autre. Quatre bonnes murailles me répondront de ta conduite ; et une bonne potence me fera raison de ton audace.

VALÈRE

Ce ne sera point votre passion qui jugera l'affaire ; et l'on m'écoutera, au moins, avant que de me condamner.

#### HARPAGON

Je me suis abusé de dire une potence, et tu seras roué tout vif.

#### ÉLISE, *à genoux devant son père*

Ah ! mon père, prenez des sentiments un peu plus humains, je vous prie, et n'allez point pousser les choses dans les dernières violences du pouvoir paternel. Ne vous laissez point entraîner aux premiers mouvements de votre passion, et donnez-vous le temps de considérer ce que vous voulez faire. Prenez la peine de mieux voir celui dont vous vous offensez[1] : il est tout autre que vos yeux ne le jugent ; et vous trouverez moins étrange que je me sois donnée à lui, lorsque vous saurez que sans lui vous ne m'auriez plus il y a longtemps. Oui, mon père, c'est celui qui me sauva de ce grand péril que vous savez que je courus dans l'eau, et à qui vous devez la vie de cette même fille dont...

#### HARPAGON

Tout cela n'est rien ; et il valait bien mieux pour moi qu'il te laissât noyer que de faire ce qu'il a fait.

---

1. Par qui vous estimez avoir été offensé.

ÉLISE

Mon père, je vous conjure, par l'amour paternel, de me...

HARPAGON

Non, non, je ne veux rien entendre ; et il faut que la justice fasse son devoir.

MAÎTRE JACQUES

Tu me payeras mes coups de bâton.

FROSINE

Voici un étrange embarras.

## SCÈNE V

ANSELME, HARPAGON, ÉLISE, MARIANE,
FROSINE, VALÈRE, MAÎTRE JACQUES,
LE COMMISSAIRE, SON CLERC

ANSELME

Qu'est-ce, seigneur Harpagon ? je vous vois tout ému.

HARPAGON

Ah ! seigneur Anselme, vous me voyez le plus infortuné de tous les hommes ; et voici bien du trouble et du désordre au contrat que vous venez faire ! On m'assassine dans le bien, on m'assassine dans l'honneur ; et voilà un traître, un scélérat, qui a violé tous les droits les plus saints, qui s'est coulé chez moi sous le titre de domestique, pour me dérober mon argent et pour me suborner ma fille.

### VALÈRE

Qui songe à votre argent, dont vous me faites un galimatias ?

### HARPAGON

Oui, ils se sont donné l'un et l'autre une promesse de mariage. Cet affront vous regarde[1], seigneur Anselme, et c'est vous qui devez vous rendre partie contre lui, et faire toutes les poursuites de la justice, pour vous venger de son insolence.

### ANSELME

Ce n'est pas mon dessein de me faire épouser par force, et de rien prétendre à un cœur qui se serait donné ; mais pour vos intérêts, je suis prêt à les embrasser ainsi que les miens propres.

---

1. Harpagon a promis sa fille à Anselme (acte I, sc. IV).

#### HARPAGON

Voilà Monsieur qui est un honnête commissaire, qui n'oubliera rien, à ce qu'il m'a dit, de la fonction de son office. Chargez-le comme il faut, Monsieur, et rendez les choses bien criminelles.

#### VALÈRE

Je ne vois pas quel crime on me peut faire de la passion que j'ai pour votre fille ; et le supplice où vous croyez que je puisse être condamné pour notre engagement, lorsqu'on saura ce que je suis...

#### HARPAGON

Je me moque de tous ces contes ; et le monde aujourd'hui n'est plein que de ces larrons de noblesse, que de ces imposteurs, qui tirent avantage de leur obscurité, et s'habillent insolemment du premier nom illustre qu'ils s'avisent de prendre.

#### VALÈRE

Sachez que j'ai le cœur trop bon pour me parer de quelque chose qui ne soit point à moi, et que tout Naples peut rendre témoignage de ma naissance.

#### ANSELME

Tout beau ! prenez garde à ce que vous allez dire. Vous risquez ici plus que vous ne pensez ; et vous parlez devant un homme à qui tout Naples est connu, et qui peut aisément voir clair dans l'histoire que vous ferez.

#### VALÈRE, *en mettant fièrement son chapeau*

Je ne suis point homme à rien craindre, et si Naples vous est connu, vous savez qui était Dom Thomas d'Alburcy.

#### ANSELME

Sans doute, je le sais ; et peu de gens l'ont connu mieux que moi.

#### HARPAGON

Je ne me soucie ni de Dom Thomas ni de Dom Martin[1].

#### ANSELME

De grâce, laissez-le parler, nous verrons ce qu'il en veut dire.

---

1. L'édition de 1682 donne ici une indication scénique : « voyant deux chandelles allumées, il en souffle une ».

### VALÈRE

Je veux dire que c'est lui qui m'a donné le jour.

### ANSELME

Lui ?

### VALÈRE

Oui.

### ANSELME

Allez, vous vous moquez. Cherchez quelque autre histoire, qui vous puisse mieux réussir, et ne prétendez pas vous sauver sous cette imposture.

### VALÈRE

Songez à mieux parler. Ce n'est point une imposture ; et je n'avance rien qu'il ne me soit aisé de justifier.

### ANSELME

Quoi ? vous osez vous dire fils de Dom Thomas d'Alburcy ?

### VALÈRE

Oui, je l'ose ; et je suis prêt de soutenir cette vérité contre qui que ce soit.

### ANSELME

L'audace est merveilleuse. Apprenez, pour vous confondre, qu'il y a seize ans pour le moins que l'homme dont vous nous parlez périt sur mer avec ses enfants et sa femme, en voulant dérober leur vie aux cruelles persécutions qui ont accompagné les désordres de Naples[1], et qui en firent exiler plusieurs nobles familles.

### VALÈRE

Oui, mais apprenez, pour vous confondre, vous, que son fils, âgé de sept ans, avec un domestique, fut sauvé de ce naufrage par un vaisseau espagnol, et que ce fils sauvé est celui qui vous parle ; apprenez que le capitaine de ce vaisseau, touché de ma fortune, prit amitié pour moi ; qu'il me fit élever comme son propre fils, et que les armes furent mon emploi dès que je m'en trouvai capable ; que j'ai su depuis peu que mon père n'était point mort, comme je l'avais toujours cru ; que passant ici pour l'aller chercher, une aventure, par le Ciel concertée, me fit voir la charmante Élise ; que cette vue me rendit esclave de ses beautés ; et

---

1. Les Français, qui régnaient sur Naples, en avaient été chassés rapidement par la maison d'Autriche. Ils avaient dû garder l'impression que Naples était un pays à révolutions.

que la violence de mon amour, et les sévérités de son père, me firent prendre la résolution de m'introduire dans son logis, et d'envoyer un autre à la quête de mes parents.

ANSELME

Mais quels témoignages encore, autres que vos paroles, nous peuvent assurer que ce ne soit point une fable que vous ayez bâtie sur une vérité ?

VALÈRE

Le capitaine espagnol ; un cachet de rubis qui était à mon père ; un bracelet d'agate que ma mère m'avait mis au bras ; le vieux Pedro, ce domestique qui se sauva avec moi du naufrage.

MARIANE

Hélas ! à vos paroles je puis ici répondre, moi, que vous n'imposez[1] point ; et tout ce que vous dites me fait clairement connaître que vous êtes mon frère.

VALÈRE

Vous ma sœur ?

---

1. « *Imposer* : tromper, dire une fausseté » (Furetière).

MARIANE

Oui. Mon cœur s'est ému dès le moment que vous avez ouvert la bouche ; et notre mère, que vous allez ravir, m'a mille fois entretenue des disgrâces de notre famille. Le Ciel ne nous fit point aussi périr dans ce triste naufrage ; mais il ne nous sauva la vie que par la perte de notre liberté ; et ce furent des corsaires qui nous recueillirent, ma mère et moi, sur un débris de notre vaisseau. Après dix ans d'esclavage, une heureuse fortune nous rendit notre liberté, et nous retournâmes dans Naples, où nous trouvâmes tout notre bien vendu, sans y pouvoir trouver des nouvelles de notre père. Nous passâmes à Gênes, où ma mère alla ramasser quelques malheureux restes d'une succession qu'on avait déchirée ; et de là, fuyant la barbare injustice de ses parents, elle vint en ces lieux, où elle n'a presque vécu que d'une vie languissante.

ANSELME

Ô Ciel ! quels sont les traits de ta puissance ! et que tu fais bien voir qu'il n'appartient qu'à toi de faire des miracles ! Embrassez-moi, mes enfants, et mêlez tous deux vos transports à ceux de votre père.

#### VALÈRE

Vous êtes notre père ?

#### MARIANE

C'est vous que ma mère a tant pleuré ?

#### ANSELME

Oui, ma fille, oui, mon fils, je suis Dom Thomas d'Alburcy, que le Ciel garantit des ondes avec tout l'argent qu'il portait, et qui vous ayant tous crus morts durant plus de seize ans, se préparait, après de longs voyages, à chercher dans l'hymen d'une douce et sage personne la consolation de quelque nouvelle famille. Le peu de sûreté que j'ai vu pour ma vie à retourner à Naples m'a fait y renoncer pour toujours ; et ayant su trouver moyen d'y faire vendre ce que j'avais, je me suis habitué[1] ici, où, sous le nom d'Anselme, j'ai voulu m'éloigner les chagrins de cet autre nom qui m'a causé tant de traverses.

#### HARPAGON

C'est là votre fils ?

---

1. « *Habituer* : établir sa demeure en quelque endroit » (Furetière).

ANSELME

Oui.

HARPAGON

Je vous prends à partie, pour me payer dix mille écus qu'il m'a volés.

ANSELME

Lui, vous avoir volé ?

HARPAGON

Lui-même.

VALÈRE

Qui vous dit cela ?

HARPAGON

Maître Jacques.

VALÈRE

C'est toi qui le dis ?

MAÎTRE JACQUES

Vous voyez que je ne dis rien.

HARPAGON

Oui, voilà Monsieur le Commissaire qui a reçu sa déposition.

VALÈRE

Pouvez-vous me croire capable d'une action si lâche ?

HARPAGON

Capable ou non capable, je veux ravoir mon argent.

## *SCÈNE VI*

CLÉANTE, VALÈRE, MARIANE, ÉLISE,
FROSINE, HARPAGON, ANSELME, MAÎTRE JACQUES,
LA FLÈCHE, LE COMMISSAIRE, SON CLERC

CLÉANTE

Ne vous tourmentez point, mon père, et n'accusez personne. J'ai découvert des nouvelles de votre affaire, et je viens ici pour vous dire que, si vous voulez vous résoudre à me laisser épouser Mariane, votre argent vous sera rendu.

HARPAGON

Où est-il ?

#### CLÉANTE

Ne vous en mettez point en peine : il est en lieu dont je réponds, et tout ne dépend que de moi. C'est à vous de me dire à quoi vous vous déterminez ; et vous pouvez choisir, ou de me donner Mariane, ou de perdre votre cassette.

#### HARPAGON

N'en a-t-on rien ôté ?

#### CLÉANTE

Rien du tout. Voyez si c'est votre dessein de souscrire à ce mariage, et de joindre votre consentement à celui de sa mère, qui lui laisse la liberté de faire un choix entre nous deux.

#### MARIANE

Mais vous ne savez pas que ce n'est pas assez que ce consentement, et que le Ciel, avec un frère que vous voyez, vient de me rendre un père dont vous avez à m'obtenir.

#### ANSELME

Le Ciel, mes enfants, ne me redonne point à vous pour être contraire à vos vœux. Seigneur Harpagon, vous jugez bien que le choix d'une jeune personne tombera sur le fils plutôt que sur le père. Allons, ne vous faites point dire ce qu'il n'est pas nécessaire d'entendre, et consentez ainsi que moi à ce double hyménée.

HARPAGON

Il faut, pour me donner conseil, que je voie ma cassette.

CLÉANTE

Vous la verrez saine et entière.

HARPAGON

Je n'ai point d'argent à donner en mariage à mes enfants.

ANSELME

Hé bien ! j'en ai pour eux ; que cela ne vous inquiète point.

HARPAGON

Vous obligerez-vous à faire tous les frais de ces deux mariages ?

ANSELME

Oui, je m'y oblige ; êtes-vous satisfait ?

HARPAGON

Oui, pourvu que pour les noces vous me fassiez faire un habit.

###### ANSELME

D'accord. Allons jouir de l'allégresse que cet heureux jour nous présente.

###### LE COMMISSAIRE

Holà ! Messieurs, holà ! tout doucement, s'il vous plaît : qui me payera mes écritures ?

###### HARPAGON

Nous n'avons que faire de vos écritures.

###### LE COMMISSAIRE

Oui ! mais je ne prétends pas, moi, les avoir faites pour rien.

###### HARPAGON

Pour votre paiement, voilà un homme[1] que je vous donne à pendre.

###### MAÎTRE JACQUES

Hélas ! comment faut-il donc faire ? On me donne des coups de bâton pour dire vrai, et on me veut pendre pour mentir.

###### ANSELME

Seigneur Harpagon, il faut lui pardonner cette imposture.

---

1. Indication scénique de l'édition de 1734 : HARPAGON, *montrant Maître Jacques*.

HARPAGON

Vous paierez donc le Commissaire ?

ANSELME

Soit. Allons vite faire part de notre joie à votre mère.

HARPAGON

Et moi, voir ma chère cassette.

# DOSSIER

# CHRONOLOGIE
## 1622-1673

1622. *15 janvier* : baptême à Saint-Eustache de Jean Poquelin. — Les parents sont tapissiers depuis plusieurs générations. — Dans la famille, on appelle l'enfant Jean-Baptiste.

1632. *11 mai* : la mère du petit Poquelin meurt.

1637. *14 décembre* : Poquelin père, qui a acheté en 1631 un office de tapissier et valet de chambre du roi, obtient la survivance pour son fils.

*Les études de Molière* : 1° Études primaires dans une école paroissiale sans doute. 2° Études secondaires chez les Jésuites du collège de Clermont (actuel lycée Louis-le-Grand). 3° Études de droit. Molière obtient ses licences à Orléans ; se fait avocat ; au bout de quelques mois il abandonne.

*L'Illustre-Théâtre* : Molière aurait beaucoup fréquenté le théâtre avec l'un de ses grands-pères. Tout en étant inscrit au barreau, il aurait fait partie des troupes de deux charlatans vendeurs de médicaments, Bary et l'Orviétan.

Il connaît les Béjart, des comédiens, et surtout sans doute Madeleine Béjart, très bonne comédienne. — *30 juin 1643* : contrat de société entre

Beys, Pinel, Joseph Béjart, Madeleine Béjart, Geneviève Béjart et J.-B. Poquelin. Installation de la troupe au jeu de paume des Métayers, faubourg Saint-Germain (actuellement 10-12, rue Mazarine).

1644. *28 juin* : J.-B. Poquelin signe du pseudonyme de Molière. Choix de ce pseudonyme inexpliqué.

Difficultés financières ; de plus les comédiens sont l'objet d'une guerre sans merci de la part du curé réformateur de la paroisse Saint-Sulpice, Olier. La troupe, endettée, va s'installer sur la rive droite, au port Saint-Paul (actuellement quai des Célestins). Mauvaises affaires. Molière est emprisonné pour dettes, deux fois pendant quelques jours.

*L'expérience des tournées (treize ans)* : Molière est peut-être dans la troupe de Dufresne. Son passage attesté à Nantes, Poitiers, Toulouse, Narbonne, Pézenas, Grenoble, Lyon. *Septembre 1653*, la troupe est autorisée à prendre le titre de Troupe du prince de Conti (frère du Grand Condé). Son secteur : Languedoc, vallée du Rhône, des pointes à Bordeaux, Dijon. *Mars 1656*, Conti se convertit ; *1657*, il interdit aux comédiens de se prévaloir de son nom.

*L'installation à Paris* : après un passage à Rouen, la troupe débute à Paris (octobre 1658). *24 octobre* : débuts devant le roi avec *Nicomède* et un petit divertissement de Molière : *Le Docteur amoureux*, perdu. Installation salle du Petit-Bourbon, en alternance avec les Italiens.

1658. *2 novembre* : première représentation à Paris de *L'Étourdi*, créé à Lyon en 1655.

Échec dans les pièces cornéliennes : *Héraclius,*

*Rodogune, Cinna, Le Cid, Pompée.* — Grand succès avec *Le Dépit amoureux* (deuxième pièce de Molière, créée à Béziers en 1656).

La troupe est composée de dix acteurs : dont deux sœurs Béjart, deux frères Béjart, du Parc et la du Parc. Troupe jeune et dynamique.

1659. *18 novembre* : *Les Précieuses ridicules* (troisième pièce de Molière). Vif succès. Molière commence à faire beaucoup parler de lui.

1660. *28 mai* : *Sganarelle ou le Cocu imaginaire* (quatrième pièce).

*Octobre* : période difficile. La salle du Petit-Bourbon est démolie.

1661. *20 janvier* : ouverture de la salle du Palais-Royal où Molière jouera jusqu'à sa mort.

*4 février* : première de *Dom Garcie de Navarre* (cinquième pièce).

*24 juin* : première de *L'École des maris* (sixième pièce).

*17 août* : première des *Fâcheux* à Vaux-le-Vicomte (septième pièce) chez Foucquet, le surintendant des Finances, trois semaines avant l'arrestation de celui-ci.

1662. *23 janvier* : contrat de mariage de Molière et d'Armande Béjart. — *20 février* : mariage.

*8-14 mai* : premier séjour de la troupe à la cour. — C'est une consécration.

*26 décembre* : première de *L'École des femmes*. La querelle de *L'École des femmes* commence. Les ennemis de Molière ne cesseront plus guère de le harceler, l'attaquant jusque dans sa vie privée ; l'accusant d'avoir épousé la fille de sa vieille maîtresse, Madeleine Béjart, et peut-être sa propre fille. En fait, il nous paraît certain qu'il a épousé la jeune sœur de Madeleine Béjart.

Molière répond aux attaques par *La Critique de l'École des femmes* (août 1663) et *L'Impromptu de Versailles* (octobre 1663).

1664. *29 janvier* : première du *Mariage forcé* (onzième pièce).

*28 février* : baptême du fils aîné de Molière. Parrain : le roi, marraine : Madame Henriette d'Angleterre, épouse du frère du roi. L'enfant meurt à dix mois.

*17 avril* : l'affaire du *Tartuffe* commence : les membres de la Compagnie du Saint-Sacrement délibèrent des moyens de supprimer cette « méchante comédie ».

*30 avril-22 mai* : la troupe est à Versailles pour les fêtes des *Plaisirs de l'île enchantée*. Première de *La Princesse d'Élide* (douzième pièce).

*12 mai* : première du *Tartuffe*. Mais remontrances des dévots : le roi ne permet pas d'autres représentations publiques. Vers cette date, semble-t-il, commence à courir le bruit qu'Armande est infidèle à son mari. Bruit assez généralement accepté, mais mal contrôlable.

1665. *15 février* : première de *Dom Juan* (quatorzième pièce). Pas repris après Pâques.

*4 août* : baptême d'Esprit-Madeleine, fille de Molière, seul enfant qui lui ait survécu.

*14 août* : le roi donne à la troupe une pension de 7 000 livres, et le titre de Troupe du roi.

*14 septembre* : première de *L'Amour médecin* (quinzième pièce).

*29 décembre 1665-5 février 1666* : relâche ; Molière, très malade, a failli mourir.

1666. *4 juin* : première du *Misanthrope* (seizième pièce).

*6 août* : première du *Médecin malgré lui* (dix-septième pièce). La querelle de la moralité au théâtre met en accusation Molière ; il lui est reproché (Conti, Racine, d'Aubignac) de faire retomber le théâtre à son ancienne turpitude.

*1er décembre* : la troupe part pour Versailles. Elle est employée dans le *Ballet des Muses*. Molière joue sa dix-huitième pièce, *Mélicerte*, puis sa dix-neuvième, *Le Sicilien ou l'Amour peintre*.

1667. *16 avril* : le bruit a couru que Molière était à l'extrémité. La troupe ne recommence à jouer que le 15 mai.

*5 août* : représentation de *L'Imposteur*, qui n'est autre qu'un remaniement du *Tartuffe*. La pièce est immédiatement interdite par le premier président du parlement de Paris et par l'archevêque de Paris. Molière essaie vainement d'agir auprès du roi.

1668. *13 janvier* : première d'*Amphitryon* (vingtième pièce).

*15 juillet* : première de *George Dandin* (vingt et unième pièce).

*9 septembre* : première de *L'Avare* (vingt-deuxième pièce).

1669. *5 février* : *Le Tartuffe* se joue enfin librement. 44 représentations consécutives. Pour la première, recette record : 2 860 livres ; on a dû s'entasser dans tous les recoins possibles de la salle et de la scène.

*4 avril* : achevé d'imprimer du poème *La Gloire du Val-de-Grâce*, décrivant l'œuvre de Mignard et définissant son art.

*6 octobre* : première de *Monsieur de Pourceaugnac* à Chambord (vingt-troisième pièce).

1670. *4 janvier* : *Élomire hypocondre*, comédie d'un

auteur non identifié. L'un des pamphlets les plus violents contre Molière, mais renseigné.

*4 février* : *Les Amants magnifiques* à Saint-Germain (vingt-quatrième pièce).

*14 octobre* : *Le Bourgeois gentilhomme* à Chambord (vingt-cinquième pièce).

1671. *17 janvier* : première de *Psyché*, dans la grande salle des Tuileries (vingt-sixième pièce). Molière a demandé, pour aller plus vite, leur collaboration à Quinault et à Pierre Corneille.

*24 mai* : première des *Fourberies de Scapin* (vingt-septième pièce).

*2 décembre* : première de *La Comtesse d'Escarbagnas* (vingt-huitième pièce).

1672. *17 février* : mort de Madeleine Béjart.

*11 mars* : première des *Femmes savantes* (vingt-neuvième pièce).

*1ᵉʳ octobre* : baptême du second fils de Molière. Il ne vivra que dix jours.

1673. *10 février* : première du *Malade imaginaire* (trentième pièce). — La musique des pièces de Molière avait jusqu'alors été faite par Lully (*La Princesse d'Élide, Monsieur de Pourceaugnac, Le Bourgeois gentilhomme*). Mais Lully, contrairement semble-t-il à un accord conclu avec Molière pour partager le privilège de l'opéra, obtient un véritable monopole pour les représentations comportant musique. Molière est amené à rompre avec Lully. *Le Malade imaginaire*, prévu pour être joué devant la cour, est donné au public du théâtre du Palais-Royal.

*17 février* : quatrième représentation du *Malade imaginaire*. En prononçant le *juro* de la cérémonie finale, Molière est pris de convulsions. Il cache par « un ris forcé » ce qui lui arrive. Il est transporté chez lui dans sa chaise. Il tousse, crache du sang et meurt peu après. Sa femme a vainement cherché un prêtre pour lui donner l'absolution. Il est mort sans avoir abjuré sa qualité de comédien. La sépulture ecclésiastique lui est refusée. Sa femme va supplier le roi, qui fait pression sur l'archevêque. Le curé de Saint-Eustache autorise enfin un enterrement discret et de nuit au cimetière Saint-Joseph, dépendant de Saint-Eustache. Il se peut que le corps ait été transféré dans la partie réservée aux enfants morts sans baptême.

*3 mars* : *Le Malade imaginaire* est repris, avec La Thorillière dans le rôle du malade.

# NOTE SUR LES PERSONNAGES, LE DÉCOR ET LES ACCESSOIRES DE LA PIÈCE

*Harpagon.* Le mot Harpagon, d'origine grecque, veut dire rapace ; en latin il désigne un grappin, sorte de crochet. Dans *L'Aululaire* complétée par Urceus Codrus et traduite par l'abbé de Marolles se trouvent les vers suivants : *Tenaces nimium dominos nostra aetas tulit, / Quos* Harpagones, *Harpyas et Tantalos / Vocare soleo, in opibus magnis pauperes.* « Ce temps-ci porte des maîtres un peu opiniâtres, que nous appelons communément *Harpagons*, Harpies et Tantales, pauvres dans leur grande opulence et altérés au milieu de l'océan... » Molière a dû prendre là le nom.

Le rôle est tenu par Molière. Son costume : « un manteau, chausse et pourpoint de satin noir, garni de dentelle ronde de soie noire, chapeau, perruque, souliers, prisé [estimé] vingt livres ».

*La Flèche.* Rôle tenu par Louis Béjart qui boitait. « Ce chien de boiteux », dit de lui Harpagon (acte I, sc. III).

Le reste de la distribution n'est que conjectural.

« La scène est une salle, et, sur le derrière, un jardin. Il faut deux chiquenilles [voir note 3, p. 109], des lunettes [voir acte III, sc. V, début], un balai [pour dame

Claude, acte III, sc. i], une batte [pour battre Maître Jacques, acte III, sc. i et ii], une cassette, une table, une chaise, une écritoire, du papier, une robe [pour le commissaire], deux flambeaux sur la table au V$^e$ acte » (*Mémoire* du décorateur Mahelot).

# BIBLIOGRAPHIE

*Éditions de référence*

Œuvres complètes, édition de Georges Couton, Gallimard, Bibliothèque de la Pléiade, 1971, revue en 1976, 2 vol.

L'Avare, édition de Jacques Chupeau, Gallimard, coll. « Folio théâtre », 1993.

Œuvres complètes, nouvelle édition de Georges Forestier, avec Claude Bourqui, Gallimard, Bibliothèque de la Pléiade, 2010, 2 vol.

*Études concernant l'œuvre de Molière*

René Bray, *Molière homme de théâtre*, Mercure de France, 1954.

Jean-Pierre Collinet, *Lectures de Molière*, Armand Colin, coll. « U2 », 1974.

Gabriel Conesa, *Le Dialogue moliéresque, étude stylistique et dramaturgique* (1983), rééd. SEDES-CDU, 1992.

Gabriel Conesa, *La Comédie de l'âge classique, 1630-1715*, Le Seuil, coll. « Écrivains de toujours », 1995.

Jacques Copeau, *Registres II, Molière*, Gallimard, 1976.

Gérard Defaux, *Molière ou les métamorphoses du comique*, 2ᵉ éd., Klincksieck, coll. « Bibliothèque d'histoire du théâtre », 1992.

Georges Forestier, *Molière*, Bordas, coll. « En toutes lettres », 1990.

Jacques Truchet et autres, *Thématiques de Molière*, SEDES, 1985.

*Études sur* L'Avare

Patrick Dandrey, *Molière ou l'esthétique du ridicule*, Klincksieck, coll. « Bibliothèque d'histoire du théâtre », 1992.

Bernadette Rey-Flaud, *Molière et la farce*, Genève, Droz 1996 ; rééd. 2010.

C. B.

# RÉSUMÉ

### ACTE I

Élise aime Valère qui l'a sauvée de la noyade et demeure incognito chez son père, Harpagon, en qualité d'intendant. Pour favoriser le mariage, Valère, tout en recherchant ses propres parents, prend soin d'être dans les bonnes grâces d'Harpagon, et pour ce faire, le flatte sans ménagement (scène 1). De son côté, le frère d'Élise, Cléante, est amoureux d'une certaine Mariane, qui vit pauvrement avec sa mère (scène 2). Harpagon, après avoir chassé le valet de Cléante, La Flèche, qui, selon lui, l'espionnait en permanence (scène 3), annonce ses projets de mariage à ses enfants : Cléante a-t-il bonne opinion d'une dénommée Mariane ? Fort bien, car elle deviendra sa belle-mère : Harpagon est résolu à l'épouser. Quant à Élise, il veut qu'elle épouse le seigneur Anselme. Devant les protestations d'Élise, Harpagon convoque Valère comme juge (scène 4). Valère, pour soutenir le parti d'Harpagon, feint d'approuver le mariage d'Élise et Anselme, non sans glisser habilement les lourdes objections qui peuvent se faire. Mais Harpagon a un argument imparable : Élise sera mariée « sans dot ». Valère renchérit alors sur les positions d'Harpagon qui, satisfait, lui confie sa fille pour une promenade en ville (scène 5).

ACTE II

Cléante, qui a besoin de quinze mille francs, doit rencontrer, par l'intermédiaire de Maître Simon, l'usurier qui lui prête l'argent en pratiquant des conditions éhontées (scène 1). Maître Simon présente alors Cléante... à Harpagon. S'ensuit une violente dispute entre le père « assoiffé d'or » et le fils « dépensier » (scène 2). Sur ces entrefaites arrive Frosine, l'entremetteuse, qui complimente longuement Harpagon sur sa bonne constitution, avant de lui rapporter que Mariane sera présente au souper qu'Harpagon donne le soir pour le seigneur Anselme. En récompense de ses services et pour gagner un procès, Frosine demande à Harpagon un peu d'argent, qu'elle n'obtient naturellement pas. Harpagon se renfrogne dès qu'il est question de pièces trébuchantes et n'accorde rien (scène 5).

ACTE III

Harpagon convoque tous ses domestiques et leur donne les directives pour le souper. Qu'aucune bouteille ne soit cassée, sans quoi le serveur maladroit paiera de ses propres deniers. Qu'on ne donne à boire aux convives qu'après qu'ils ont réclamé plusieurs fois. Que l'on prévoie un repas frugal. Les domestiques porteront leurs beaux habits, dont ils dissimuleront avec ingéniosité les taches et les trous. On sortira également le carrosse pour conduire les jeunes filles à la foire. Sur ce point pourtant, Maître Jacques, cuisinier et cocher, s'oppose formellement à Harpagon. Il refuse catégoriquement de faire travailler des chevaux faméliques. Comme Valère prend le parti d'Harpagon, Maître Jacques, exaspéré par tant de flagornerie, rapporte à son maître toutes les anecdotes qui circulent sur son compte. Le cocher-cuisinier se trouve bien mal payé de sa franchise : Harpagon, qui se disait ravi de connaître l'opinion de ses gens, le roue de coups (scène 1). Seul avec Valère, Maître Jacques lui promet de le rosser abondamment... et reçoit de nouveau des coups de bâton (scène 2). Arrivent Frosine et Mariane, qui avoue à l'entremetteuse son amour pour l'inconnu qui lui a rendu visite (scène 4). Venu accueillir les deux femmes, Cléante, dans un discours à double entente, célèbre les charmes de Mariane et ne cache pas sa répugnance pour le mariage qui doit l'unir à son père. Mariane, dans le même langage, lui renvoie sa déclaration d'amour dissimulée. Comblé, Cléante offre à Mariane, au nom de son père, le diamant qu'il vient d'arracher au doigt d'Harpagon et annonce une collation de citrons et d'oranges servie dans le jardin (scène 7). Fulminant, Harpagon recommande à Valère de sauver le plus de friandises possible pour qu'on les renvoie au marchand (scène 8).

ACTE IV

Devant l'amour de Cléante et Mariane, Frosine se propose de détourner Harpagon de Mariane. Le ladre devrait se laisser séduire par une fausse marquise prétendument richissime, complice de Frosine (scène 1). Cependant Harpagon, qui a aperçu Cléante en train de baiser la main de Mariane, fait mine de vouloir renoncer à son mariage pour donner Mariane à Cléante, qui est plus de son âge. Par cette ruse, il découvre en son fils un rival obstiné, qui n'entend pas céder Mariane à son père (scène 3). La dispute entre le père et le fils, temporairement apaisée par Maître Jacques (scène 4), cesse définitivement devant l'annonce d'une terrible nouvelle : le vol de la cassette, perpétré en fait par La Flèche (scène 6). Seul et profondément troublé, Harpagon promet de faire pendre tout le monde et de se pendre ensuite si on ne retrouve pas son trésor (scène 7).

ACTE V

Harpagon, au comble de la douleur, révèle au commissaire que la cassette contenait dix mille écus (scène 1). Interrogé, Maître Jacques, pour se venger des coups de bâton que Valère lui a assénés, le désigne comme le coupable (scène 2). Interrogé à son tour, Valère ne dément pas car il pense que le crime qu'on lui impute est de vouloir épouser Élise, la fille d'Harpagon promise à Anselme (scène 3). Le quiproquo se poursuit, qui apprend à Harpagon que Valère et Élise se sont donné l'un à l'autre une promesse de mariage. Le seigneur Anselme arrive pour le souper. Comme Harpagon continue à traiter Valère de voleur, celui-ci révèle sa naissance : il est fils de Dom Thomas d'Alburcy et rescapé du naufrage survenu il y a seize ans. À ce récit, Mariane reconnaît en Valère son frère : rescapée elle aussi du naufrage avec sa mère, elle a ensuite connu dix longues années d'esclavage. Anselme, saisi d'émotion, embrasse ses deux enfants : lui-même n'est autre que Dom Thomas d'Alburcy (scène 5). À son père toujours morfondu par la disparition de sa cassette, Cléante fait cette proposition : son trésor lui sera rendu pourvu qu'il renonce à Mariane. Harpagon s'informe amoureusement de l'intégrité de son coffret et, après avoir prévenu le seigneur Anselme qu'il n'avait nul argent à donner à ses enfants pour le mariage, pas plus qu'au commissaire pour les frais de son enquête, part retrouver sa chère cassette (scène 6).

C. B.

*Préface de Georges Couton*                  7

## L'AVARE

| | |
|---|---:|
| Acte I | 25 |
| Acte II | 73 |
| Acte III | 108 |
| Acte IV | 147 |
| Acte V | 177 |

### DOSSIER

| | |
|---|---:|
| *Chronologie* | 217 |
| *Note sur les personnages, le décor et les accessoires de la pièce* | 224 |
| *Bibliographie* | 226 |
| *Résumé* | 228 |

# DU MÊME AUTEUR

*Dans la collection Folio classique*

*Éditions collectives*

L'ÉCOLE DES MARIS, L'ÉCOLE DES FEMMES, LA CRITIQUE DE L'ÉCOLE DES FEMMES, L'IMPROMPTU DE VERSAILLES. Édition présentée et établie par Jean Serroy.

LES FOURBERIES DE SCAPIN, L'AMOUR MÉDECIN, LE MÉDECIN MALGRÉ LUI, MONSIEUR DE POURCEAUGNAC. Édition présentée et établie par Georges Couton.

TARTUFFE, DOM JUAN, LE MISANTHROPE. Édition présentée et établie par Georges Couton

*Éditions isolées*

L'AVARE. Édition présentée et établie par Georges Couton.

LE BOURGEOIS GENTILHOMME. Édition présentée et établie par Georges Couton.

DOM JUAN. Édition présentée et établie par Georges Couton.

L'ÉCOLE DES FEMMES. Édition présentée et établie par Jean Serroy.

LES FEMMES SAVANTES. Édition présentée et établie par Georges Couton.

LES FOURBERIES DE SCAPIN. Édition présentée et établie par Georges Couton.

LE MALADE IMAGINAIRE. Édition présentée et établie par Georges Couton.

LE MÉDECIN MALGRÉ LUI. Édition présentée et établie par Georges Couton.

LE MISANTHROPE. Édition présentée et établie par Jacques Chupeau.

LE TARTUFFE. Édition présentée et établie par Jean Serroy.

*Dans la collection Folio théâtre*

L'AVARE. Édition présentée et établie par Jacques Chupeau.

LE BOURGEOIS GENTILHOMME. Édition présentée et établie par Jean Serroy.

LES PRÉCIEUSES RIDICULES. Édition présentée et établie par Jacques Chupeau.

L'ÉTOURDI. Édition présentée et établie par Patrick Dandrey.

SGANARELLE. Édition présentée et établie par Patrick Dandrey.

LES FÂCHEUX. Édition présentée et établie par Jean Serroy.

GEORGE DANDIN suivi de LA JALOUSIE DU BARBOUILLÉ. Édition présentée et établie par Patrick Dandrey.

LE MÉDECIN VOLANT. LE MARIAGE FORCÉ. Édition présentée et établie par Bernard Beugnot.

# COLLECTION
# FOLIO CLASSIQUE

## *Éditions révisées*

1151   E.T.A. Hoffmann : *Le Magnétiseur et autres contes*. Traduction de l'allemand d'Olivier Bournac, Henri Egmont, André Espiau de La Maëstre, Alzir Hella et Madeleine Laval. Édition d'Albert Béguin. Préface de Claude Roy.

1024   Honoré de Balzac : *La Vieille Fille*. Édition de Robert Kopp. Nouvelle mise en page.

1437   Émile Zola : *L'Œuvre*. Édition d'Henri Mitterand. Préface de Bruno Foucart. Nouvelle mise en page.

2658   Marcel Proust : *Le Côté de Guermantes*. Édition de Thierry Laget et Brian G. Rogers. Nouvelle mise en page.

693    Jean de La Bruyère : *Les Caractères*. Nouvelle préface de Pascal Quignard. Édition d'Antoine Adam.

728    François de La Rochefoucauld : *Maximes et Réflexions diverses*. Édition de Jean Lafond.

1356   Sébastien-Roch-Nicolas Chamfort : *Maximes et pensées*. Caractères et anecdotes. Préface d'Albert Camus. Édition de Geneviève Renaux.

2736   Émile Zola : *Lourdes*. Édition de Jacques Noiray.

3296   Émile Zola : *Rome*. Édition de Jacques Noiray.

3735   Émile Zola : *Paris*. Édition de Jacques Noiray.

3319   Charles Baudelaire : *Les Fleurs du mal*. Édition collector illustrée. Photographies de Mathieu Trautmann.

3512   Gustave Flaubert : *Madame Bovary*. Édition collector. Préface d'Elena Ferrante.

2599   Hans Christian Andersen. *La Petite Sirène et autres contes*. Édition et traduction de Régis Boyer.

2047   MARCEL PROUST : *Sodome et Gomorrhe*. Édition révisée et augmentée par Antoine Compagnon. Nouvelle mise en page.

380   HONORÉ DE BALZAC : *Le Cousin Pons*. Nouvelle édition annotée par Isabelle Mimouni. Nouvelle préface d'Adrien Goetz. Postface d'André Lorant.

2089   MARCEL PROUST : *La Prisonnière*. Édition de Pierre-Edmond Robert. Nouvelle mise en page.

2139   MARCEL PROUST : *Albertine disparue*. Édition d'Anne Chevalier révisée par Pierre-Edmond Robert. Nouvelle mise en page.

2203   MARCEL PROUST : *Le Temps retrouvé*. Préface de Pierre-Louis Rey. Édition de Pierre-Edmond Robert. Notes de Jacques Robichez, avec la collaboration de Pierre-Edmond Robert et Brian G. Rogers. Nouvelle mise en page.

2358   VOLTAIRE : *Romans et contes*, tome II. Édition de Frédéric Deloffre et Jacques Van den Heuvel. Postface de Roland Barthes.

5274   JULES VERNE : *Voyage au centre de la terre*. Édition de William Butcher. Illustrations de Riou.

5879   EDGAR ALLAN POE : *Le Scarabée d'or*. Traduction de l'anglais et préface de Charles Baudelaire. Édition de Jean-Pierre Naugrette.

6249   VICTOR HUGO : *Bug-Jargal*. Édition de Roger Borderie.

1536   OCTAVE MIRBEAU : *Le Journal d'une femme de chambre*. Édition de Noël Arnaud, révisée par Michel Delon.

3302   ÉMILE ZOLA : *La Curée*. Édition d'Henri Mitterand. Préface de Jean Borie.

2070   ÉMILE ZOLA : *Une page d'amour*. Édition d'Henri Mitterand.

3218   ÉMILE ZOLA : *Au Bonheur des Dames*. Édition d'Henri Mitterand. Préface de Jeanne Gaillard.

3128   FÉDOR DOSTOÏEVSKI : *L'Adolescent*. Traduction du russe par Pierre Pascal. Préface de Georges Nivat.

*Dernières parutions*

7349 ALEXANDRE DUMAS : *Création et Rédemption*. Édition de Julie Anselmini.

7347 FRANZ KAFKA : *Amerika*. Édition et traduction de l'allemand (Autriche) par Jean-Pierre Lefebvre. Postface de Jean Boutan.

7367 FRANZ KAFKA : *Le Procès*. Édition et traduction de l'allemand (Autriche) par Jean-Pierre Lefebvre. Préface de Philippe Lançon, postface de Jean-Pierre Lefebvre.

7387 ANONYMES : *Évangiles*. Édition et traduction du grec ancien par Frédéric Boyer.

7399 HONORÉ DE BALZAC : *La Maison du Chat-qui-pelote, Le Bal de Sceaux, La Bourse*. Édition d'Isabelle Mimouni. Préface d'Olivier Rolin.

7403 DELPHINE DE GIRARDIN : *La Canne de M. de Balzac*. Édition de Martine Reid.

7430 JORIS-KARL HUYSMANS : *Marthe* et *Les Sœurs Vatard*. Édition de Francesca Guglielmi.

7443 ANONYMES : *Les Folies Tristan. Un épisode de la légende de Tristan et Yseut*. Édition bilingue et traduction de l'ancien français par Mireille Demaules.

7444 GERMAINE DE STAËL : *Dix années d'exil*. Édition de Philippe Roger.

7446 VICTOR HUGO : *Les Misérables*. Version abrégée. Édition de Lou Nicole et Antoine Ginésy.

7454 COLETTE : *Chéri* et *La Fin de Chéri* suivis de *Chéri*, comédie de Colette et Léopold Marchand. Édition de Corentin Zurlo-Truche.

7455 COLETTE : *La Maison de Claudine, La Naissance du jour, Sido*. Édition de Corentin Zurlo-Truche. Préface de Martine Reid.

*Tous les papiers utilisés pour les ouvrages
des collections Folio sont certifiés
et proviennent de forêts gérées durablement.*

*Composition Nord Compo
Impression Novoprint
à Barcelone, le 2 février 2026
Dépôt légal : février 2026
1$^{er}$ dépôt légal dans la collection : décembre 2012
magasin@gallimard.fr*

ISBN 978-2-07-045002-2 / Imprimé en Espagne

**688390**